【城市管理工作者国学素养读本】

CHENGSHI GUANLI GONGZUOZHE GUOXUE SUYANG DUBEN

课题开发组

组　长：崔焕民

副组长：李　杉

成　员：张洪雷　刘　阳　张立静

王玉红　连　洁　张晓燕

主　笔：艾丽辉

中国劳动社会保障出版社

中国人事出版社

图书在版编目（CIP）数据

城市管理工作者国学素养读本/课题开发组编. —北京：中国劳动社会保障出版社：中国人事出版社，2015

ISBN 978-7-5167-2021-9

Ⅰ.①城… Ⅱ.①课… Ⅲ.①国学-通俗读物 Ⅳ.①Z126-49

中国版本图书馆 CIP 数据核字（2015）第 178787 号

中国人事出版社
中国劳动社会保障出版社 **出版发行**

（北京市惠新东街 1 号 邮政编码：100029）

*

三河市华骏印务包装有限公司印刷装订 新华书店经销

787 毫米×1092 毫米 16 开本 14 印张 205 千字

2015 年 10 月第 1 版 2015 年 10 月第 1 次印刷

定价：32.00 元

读者服务部电话：（010）64929211/64921644/84643933

发行部电话：（010）64961894

出版社网址：http://www.class.com.cn

前言

“国学”一说，最初产生于西学东渐文化转型的历史时期。一般来说，是指以儒学为中心的中华传统文化与学术。

20世纪80年代，有本小册子《展望21世纪——汤因比与池田大作对话录》，讲到东亚崛起，作为文化基础，有“根”有“底气”的就是中华文化。1988年1月，全世界诺贝尔奖得主会聚巴黎，发表了一个破天荒的宣言：人类要在21世纪生存下去，必须回首两千五百年前，去汲取孔子的智慧。

中华传统文化似江河之水，又似生命之流，它是一个民族世代积累下来的相对稳定的历史经验。虽然其中也有落后保守的成分，但其精华部分，往往凝聚着一个民族的智慧和力量，成为一个民族迎接新的挑战、开拓前进的内在精神动力。

“天行健，君子以自强不息，地势坤，君子以厚德载物。”从民族精神的视角看，中华传统文化有两种基本功能：其一，它是一种精神纽带；其二，它又有一种道德教化的功能。这是一个民族的遗传密码，深藏在一个民族的血液中，内化为一个民族的精神结构，它不会直接产生GDP，但离开了它，民族就失去了凝聚力，千万不能“塞其源而欲其流远，伐其根而求其木盛”。

但是，近百年来，传统文化受到了强烈的冲击，20世纪的世纪之交，中国受到列强的凌辱，人们对传统文化失去了信心，把落后挨打归结为自己的文化。“五四”运动是传统文化的第一次大波折，“文革”再次彻底摧毁传统文化。而环顾“儒家文化圈”，东亚日本及亚洲“四小龙”的崛起，都得益于儒家文化中的积极成分。读经、设国学院、祭孔、甲申文化宣言、穿唐装、建孔子学院、汉语热……从近年来这些令人眼花缭乱的文化事件来看，以儒家文化为核心的传统文化的复兴呈现出一种“星火燎原”之势，喧嚣是否意味着回归呢？五千年历史积淀所形成的具有中华民族鲜明特色的文化，应该如何延续发展？著名国学家季羡林说过："对于本民族文化的珍视是一个国家屹立千年的基石……为这项工程所做的任何努力，都会使安放我们灵魂的精神家园更加美好。"就是基于这样的一种使命感、迫切感和时代感，北京市市政管理委员会培训中心专门成立课题开发组，编写了这本教材，以期在提升城市管理工作者的国学素养方面做点探索和实践。

本书以"正""诚""仁""和"四篇为体系，深刻把握儒家文化的精髓，从文字的字源、字义入手，点、面结合，层层深入。"正"，代表人生方向；"诚"，代表人生动力；"仁"，代表生命过程；"和"，代表生命的状态和结果。以经典阅读为核心，配合"延伸阅读""故事链接""诗歌欣赏""古文欣赏""古史今鉴"，实现雅俗共赏、古典与现代的结合。

孟子云："梓匠轮舆能与人规矩，不能使人巧。"所谓师傅领进门，修行在个人，愿以本书与朋友共勉，携手前进。

课题开发组

目　录

第一篇　正篇

第一章　知其所止……7

知其所止，何以人而不如鸟乎……7

第二章　正其道而行……14

道也者，不可须臾离也……14

第三章　正心……26

修身在正其心……26

第四章　正容……35

君子所贵乎道者三……35

第五章　正身——政治之道……44

欲影正者端其表，欲下廉者先己身……44

第六章　正命……58

人之生也直……58

第二篇　诚篇

第一章　诚者，信也……71

诚则信矣，信则诚矣……71

第二章　诚者，敬也……83

凡人所以立身行正，应事接物，莫大乎诚敬……83

第三章　著诚去伪，礼之经也……86

著诚去伪，礼之经也……86

第四章　诚者，天之道也；诚之者，人之道也……91

诚者，天之道也；诚之者，人之道也……91

第五章　鬼神无常享，享于克诚……100
鬼神无常享，享于克诚……100

第三篇　仁篇
第一章　仁之本……115
力行近乎仁……115
第二章　志于仁……127
苟志于仁矣，无恶也……127
第三章　立于仁……134
仁者安仁，知者利仁……134
第四章　成于仁……141
志士仁人，无求生以害仁，有杀身以成仁……141
第五章　仁之方……154
能近取譬，可谓仁之方也已……154
第六章　仁之效……166
仁者无敌……166

第四篇　和篇
第一章　自我之和……185
乐而不淫，哀而不伤……185
第二章　人我之和……199
和而不流……199
第三章　人与自然之和……211
致中和，天地位焉，万物育焉……211

后　记……216

第一篇　正篇

【正】

“正，是也。从止，一以止，凡正之属皆从正。”（《说文解字》）

“昔之得一者，天得一以清；地得一以宁；神得一以灵；谷得一以盈，万物得一以生；侯王得一以为天下正。”（《道德经》）

“知止而后有定，定而后能静，静而后能安，安而后能虑，虑而后能得。”（《大学》）

【注】

《说文解字》解释“正”为：“是也。从止，一以止。”

“是”有“对”和“正确”之意；“一”，在道家文化里最丰富，老子云：“昔之得一者，天得一以清；地得一以宁；神得一以灵；谷得一以盈，万物得一以生；侯王得一以为天下正。”这个“一”，代表了宇宙本源和普遍规律的“道”。止，“足者亦止也”。“一”和“止”合在一起，意思是人应该走在正确的道路上。

人生到底何去何从？首先要“知其所止”，“为人君，止于仁；为人臣，止于敬；为人子，止于孝；为人父，止于慈；与国人交，止于信。”仁、敬、孝、慈、信，就是人生正途。

既然知其所止，就应该“正其道而行”，“中道而废”不可取，过犹不及。

“正”是儒家最重要的修身之道，其方法表现为内正心，外正容，在政治上，则是正身之道。尽其道而死者，正命也。顺受其正，一个“正”字，很好地诠释了生命的全部含义。

第一章　知其所止

知其所止，何以人而不如鸟乎

【延伸阅读】

人之四端

民之秉夷，好是懿德

孟子之不得已

孔子之恶

子不语

【文化传承】

这不是分内工作吗

第二章　正其道而行

道也者，不可须臾离也

【延伸阅读】

就有道而正焉

中道而废

子游得人

志于道

朝闻道，夕死可矣

吾道一以贯之

絜矩之道

是道也，何足以臧

素其位而行

过犹不及

道之不行也，我知之矣

极高明而道中庸

【古文阅读】

送东阳马生序（宋濂）

第三章　正心

修身在正其心
【延伸阅读】
心之官则思
欲贵者，人之同心也
尽其心，知其性
吾日三省吾身
君子有九思
【诗歌欣赏】
正气歌（文天祥）
【故事链接】
心正则笔正

第四章　正容

君子所贵乎道者三
【延伸阅读】
孔子之“衣”
孔子之“食”
孔子之“坐”
孔子之“行”
胸中正，则眸子了焉
【故事链接】
苏轼名字的由来
青梅煮酒论英雄

第五章　正身——政治之道

欲影正者端其表，欲下廉者先己身
【延伸阅读】
政者，正也

何为则民服

使民敬、忠以劝，如之何

君子之德风，小人之德草

举直错诸枉，能使枉者直

名不正，则言不顺

其身正，不令而行

君正莫不正

大人者，正己而物正者

身正而天下归之

失其身而能事其亲者，吾未之闻也

不由其道而往者，与钻穴隙之类也

君子之所养可知已矣

枉己者，未有能直人者也

以顺为正者，妾妇之道也

【古史今鉴】

三家分晋（司马光）

第六章　正命

人之生也直

【延伸阅读】

尽其道而死者，正命也

暴虎冯河，死而无悔者，吾不与也

富而可求也，虽执鞭之士，吾亦为之

【诗歌欣赏】

沁园春·孤馆灯青（苏轼）

【故事链接】

儒商之祖：范蠡

富可敌国：石崇

第一章　知其所止

知其所止，何以人而不如鸟乎

【原文】

诗云："邦畿【邦畿，王者之都】千里，惟民所止。"

诗云："缗蛮【缗蛮，鸟声。缗，诗作绵】黄鸟，止于丘隅。"子曰："于止，知其所止，何以人而不如鸟乎！"

诗云："穆穆【穆穆，深厚广博的意思】文王，於【於，叹词】缉【缉，绵绵不息】熙【熙，光明通达】敬止！"

为人君，止于仁；为人臣，止于敬；为人子，止于孝；为人父，止于慈；与国人交，止于信。(《大学》)

【译】

《诗经·商颂·玄鸟》说："国都的千里辖区，是适宜百姓居住的地方。"

《诗经·小雅·绵蛮》说："啼声婉转的黄鸟，栖息在山的树林里。"孔子说："对'居止'来说，黄鸟都知道它栖息的地方，人还可以不如鸟吗？"

《诗经》上说："智慧深厚广博的文王啊！他的德性实在是绵绵不息而光明通达。他的行止是无所不敬，无不合于至善之道。"

做君主的，要以行仁为目标；做臣属的，要以恭敬为目标；做儿子的，要以孝顺为目标；做父亲的，要以慈爱为目标；与国人来往，要以守信为目标。

【评】

仁、敬、孝、慈、信，这是五种德行。古时候，做君王的要仁爱，做臣子的要恭敬，做子女的要孝顺，做人父的要慈祥，与人交往要讲诚信。今天，我们在一生中或为人子女，或为人父母，或为人上级，或为人下级，或为人朋友，会不断地变换着角色，在一种角色的时候就要依照这种角色的要求来做事。作为城市管理工作者，对待工作要做到热爱，对待执法相对人要做到恭敬，与周围的人交际往来要做到诚信。

【延伸阅读】

人之四端

【原文】

人皆有不忍人之心者，今人乍【乍，犹忽也】见孺子将入于井，皆有怵惕恻【恻，伤之切也】隐【隐，痛之深也】之心。——非所以内【内，结】交于孺子之父母也，非所以要【要，求】誉于乡党朋友也，非恶其声而然也。由是观之，无恻隐之心，非人也；无羞恶之心，非人也；无辞让之心，非人也；无是非之心，非人也。

恻隐之心，仁之端也；羞恶之心，义之端也；辞让之心，礼之端也；是非之心，智之端也。人之有是四端也，犹其有四体也。有是四端而自谓不能者，自贼者也；谓其君不能者，贼其君者也。凡有四端于我者，知皆扩而充之矣，若火之始然，泉之始达。苟能充之，足以保四海；苟不充之，不足以事父母。(《孟子·卷三·公孙丑上》)

【译】

每个人都有怜悯体恤别人的心，因为，如果今天有人突然看见一个小孩要掉进井里面去了，必然会产生惊骇同情之心——这不是因为要想去和这孩子的父母拉关系，不是因为要想在乡邻朋友中博取声誉，也不是因为厌恶这孩子的哭叫声才产生这种惊惧同情心理。

由此看来，没有同情心，简直不是人；没有羞耻心，简直不是人；没有谦让心，简直不是人；没有是非心，简直不是人。

同情心是仁的发端；羞耻心是义的发端；谦让心是礼的发端；是非心是智

的发端。

人有这四种发端，就像有四肢一样。有了这四种发端却自认为不行的，是自暴自弃的人；认为他的君主不行的，是暴弃君主的人。

凡是有这四种发端的人，知道都要扩大充实它们，就像火刚刚开始燃烧，泉水刚刚开始流淌。如果能够扩充它们，便足以安定天下；如果不能够扩充它们，就连赡养父母都成问题。

【评】

谢氏曰："人须是识其真心。方乍见孺子入井之时，其心怵惕，乃真心也。非思而得，非勉而中，天理之自然也。内交、要誉、恶其声而然，即人欲之私矣。"（朱熹：《四书章句集注》）

恻隐、羞恶、辞让、是非之心，让我们更富有仁爱、仁义、修养、智慧，被孟子称作"人之四端"，都是人心在特定情况下对特定对象的趋力。人心的四端是一种向善的力量，是我们今天构建和谐社会不可或缺的。

民之秉夷，好是懿德

【原文】

诗曰："天生蒸【蒸，诗作烝，众也】民，有物有则。民之秉夷【夷，诗作彝，常也】，好是懿【懿，美也】德。"孔子曰："为此诗者，其知道乎！故有物必有则，民之秉彝也，故好是懿德。"（《孟子·卷十一·告子上（六）》）

【译】

《诗经》上说："上天生养众民，有事物便有法则。众民保持了常性，所以爱好美德。"孔子说："作这篇诗的，是懂得道的啊！有事物便有法则，众民保持了常性，所以爱好美德。"

【评】

人性本无善恶，而只是有善的倾向，此即"人性向善"。人性本是一种开放的，"苟日新，日日新"，这就是一种自我完善，也是一种人生目标。

孟子之不得已

【原文】

我亦欲正人心，息邪说，距诐【诐〈bì〉，偏颇，邪僻】行，放淫辞，以承三圣者；岂好辩哉？予不得已也。(《孟子·卷六·滕文公下（九）》)

【译】

我也想要修正人心，熄灭不好的言论，远离不好的行为，放弃不好的语言，继承夏禹、周公和孔子的美德；我哪里是喜欢和人家抬杠争执，我只是被逼得没办法才那样做。

【评】

在明确了历史发展一治一乱的规律之后，孟子总结了自上古以来的历史动荡与英雄人物：水害泛滥之时，出现了尧与舜；桀、纣残暴昏乱之时，出现了周武王与周公；春秋杀戮横行之时，出现了孔子；那么，当今是“诸侯放恣，处士横议”，谁当是如尧、舜、武王、周公、孔子一样的救世英雄呢？孟子自认为“正人心，息邪说，距诐行，放淫辞，以承三圣者”，那自然就是自己的责任了。

孔子之恶

【原文】

子曰：“恶紫之夺朱也，恶郑声之乱雅乐也，恶利口之覆邦家者。”(《论语·卷九·阳货第十七》)

【译】

孔子说：“我厌恶用紫色取代红色，厌恶用郑国的声乐扰乱雅乐，厌恶用伶牙俐齿颠覆国家的人。”

【评】

范氏曰："天下之理，正而胜者常少，不正而胜者常多，圣人所以恶之也。"（朱熹:《四书章句集注》）

子不语

【原文】

子不语怪、力、乱、神。（《论语·卷四·述而第七》）

【译】

孔子不说（关于）怪异、勇力、悖乱、鬼神（这些邪门歪道和不能说明白）的事。

【评】

谢氏曰："圣人语常而不语怪，语德而不语力，语治而不语乱，语人而不语神。"（朱熹:《四书章句集注》）

怪、力、乱、神四样东西是孔子所不喜欢讲的，不喜欢研究的。什么是怪，比如现在报纸上电视上讲的许多奇闻怪事就是怪。电影上媒体上宣传的战争、暴力、打斗厮杀，就是力。心里浮躁，思想纷乱，精神空虚，不讲规矩，藐视法律，那就是乱。社会上出现的非法宗教组织讲的就是子虚乌有的神。一个人也只有达到了智慧的境界，懂得了人生的真理，才能不信怪、力、乱、神。

【文化传承】

这不是分内工作吗

有这样一条微博，记录的是北京一位最普通的清洁工。不到一天时间，这条微博被转发了近5万次，8 000余条网友评论表达着人们最真挚的感动。

微博用 8 幅连拍照片记录了雨中一位普通环卫工清理堵塞的排水孔的全过程：搬起铁箅子、趴在积水中用手掏着堵在排水孔中的杂物……昨天，记者根据微博上记录的时间地点，找到了这位被网友誉为“最可爱的人”的环卫工——海淀区环卫中心二队魏公村班的李成友。

“这不是分内工作吗？”

“我的电话都快给打爆了！哪儿至于？这不是我分内的工作吗？”昨天，李师傅得知记者要采访他时，一再重复着这句话。

47 岁的李师傅是山东人，1985 年来到北京，做过装修工，干过园林绿化。2002 年来到海淀环卫中心二队，成了一个普通环卫工。白颐路是李师傅每天都清扫的道路，但 21 日的暴雨让这个每天在这条路上工作近 8 小时的李师傅有点儿犯蒙：“路上的水都快把三轮车的轱辘没了一半了，忽悠忽悠的水让好多骑车的都快摔倒了。”“我估计肯定是下水道堵了，搬开铁箅子水都不往下跑。”

用清洁车上的工具、路边的树枝捅了半天，还是不见效果，李师傅决定用手试试。“雨大穿雨衣也不管用了，反正都湿了，没事！”就这样，李师傅整个身子都趴在了积水中，手伸进了下水道中尽力往下掏，原本还戴着的雨衣的帽子也被大风吹掉。果然，李师傅从管道中掏出了一堆杂物和两块砖头，下水道也终于畅通了。

最可爱环卫工支撑全家

采访中，记者发现李成友师傅十分不善言辞。和他同事 7 年、海淀环卫中心二队书记白冰峰告诉记者，“老李一直就是这样，不爱说话，工作特踏实。”老实、本分是大家对他的评价。

白书记告诉记者，老李祖籍山东，因为妻子是北京人，所以李师傅也有了北京户口。但因为妻子患有精神疾病，11 岁的儿子刚上小学四年级，全家收入来源就靠着李师傅每月微薄的工资和低保补助。“今年春节我们队里去老李家慰问，老李还跟我说，每个月再多加几天班，加班费再加上环卫补助，要是收入超过了最低生活保障的标准，就赶紧上街道把低保取消了。”

默默无闻也应得到尊重

李师傅的几个同事告诉记者，冒雨掏下水道的事儿老李跟谁一个字儿都没提，把清洁车骑回单位就回家了。“我们都是第二天早上在网上看到的，紧接着好多媒体都打电话要采访。”

白冰峰书记说，“没想到会有这么大的反响。”“看了大家的评论，我们心里都觉得很感动，至少更多的人在理解我们。”

白书记说，中心领导已经对李师傅进行了慰问，并决定奖励李师傅，号召大家向他学习。“这是我们清洁工人分内的工作，要是奖励的话肯定奖励不过来。李师傅是被网友拍摄下来并发到网上，没被人们看到、默默无闻的清洁工太多了。”

拍下整个过程的摄影师傅强告诉记者，事发当时，穿黑色雨衣的李师傅正骑着三轮车在路面经过，“当时想拍一张，然后就飞快地跑过去，谁知他停下了，于是就有了这一幕。”傅强说，当时雨大，有些路人经过，他的镜头沾满了水，所以照片有些模糊。

整个过程前后不到两分钟。“他看见有些堵就趴下伸手，够不到，于是全身趴下。”回到家，晚上傅强挑选了 8 张图片发在微博上，命名为“首都清洁工”。

傅强说，下雨时，他拍了很多感人的事。“这次是个普通的清洁工。我觉得有很多为社会做贡献的人，他们虽然默默无闻，但应该得到大家的尊重。”

（北京晨报记者　王萍 / 文）

第二章　正其道而行

道也者，不可须臾离也

【原文】

道也者，不可须臾离也，可离非道也。是故君子戒慎乎其所不睹，恐惧乎其所不闻。莫见乎隐，莫显乎微，故君子慎其独也。(《中庸》)

【译】

“道”(正路)是不可以片刻离开的，如果可以离开，那就不是“道”了。所以，品德高尚的人在没有人看见的地方也是谨慎的，在没有人听见的地方也是有所戒惧的。越是隐蔽的地方越是明显，越是细微的地方越是显著。所以，品德高尚的人在一人独处的时候也是谨慎的。

【评】

“独”是“人所不知，而己所独知之地也”(朱熹:《四书章句集注》)。“慎其独”是儒家的一个重要修身原则。“习惯成自然”，“勿以善小而不为，勿以恶小而为之”，都是这个道理。在无人看见的地方要警惕谨慎，在无人听到的时候要格外戒惧，因为不正当的情欲容易在隐晦之处表现出来，不好的意念在细微之时容易显露出来，所以君子更应严格要求自己，防微杜渐，把不正当的欲望、意念在萌芽状态克制住。其要求人戒慎自守，对不正当的情欲加以节制，自觉地遵从道德准则为人行事。

【延伸阅读】

就有道而正焉

【原文】

子曰："君子食无求饱，居无求安，敏于事而慎于言，就有道而正焉，可谓好学也已。"(《论语・卷一・学而第一》)

【译】

孔子说："君子，饮食不求足饱，居住不要求舒适，对工作勤劳敏捷，说话却小心谨慎，到有道的人那里去匡正自己，这样可以说是好学了。"

【评】

"食无求饱，居无求安"：有饭吃就好了，不要吃得足饱；有地方住就好了，不要求住的地方一定很舒服。此言代表你要降低物质欲望，因为人的时间有限，老是忙于满足外在的需求，你哪里有时间去好学呢？"敏于事而慎于言"：是说做事眼明手快，说话尽量谨慎，这是言行方面。人难免犯错，"就有道而正焉"："就"是靠近的意思，"有道"就是志行高尚的人，善于向有道之士请教，指导改善自己。能做到上述三点，就算是好学了。

中道而废

【原文】

冉求曰："非不说子之道，力不足也。"子曰："力不足者，中道而废。今女画。"(《论语・卷三・雍也第六》)

【译】

冉求说：我不是不喜欢夫子您的学说，而是我的能力不够，达不到那个高度和要求啊。孔子说：能力不够的人是半途而废。而你是现在还没有开始走路，就给自己划定一个界限，不肯前进。

【评】

朱子云："力不足者，欲进而不能。画者，能进而不欲。"胡氏曰："夫子称颜回不改其乐，冉求闻之，故有是言。然使求说夫子之道，诚如口之说刍豢，则必将尽力以求之，何患力之不足哉？画而不进，则日退而已矣，此冉求之所以局于艺也。"（朱熹：《四书章句集注》）

没有人生下来就完美，但是每一个人都有可能走向完美，就看你是否立定志向，选择适当的方向努力。一个人天生的禀赋总是有限的，但是人充满各种潜能，你要把潜能体现出来，你这一生才不至于辜负自己的各种禀赋。

子游得人

【原文】

子游为武城宰。子曰："女得人焉尔乎？"曰："有澹台灭明者，行不由径。非公事，未尝至于偃之室也。"（《论语·卷三·雍也第六》）

【译】

子游做武城宰，先生说："你在那里求得了人才吗？"子游说："有一澹台灭明，他从不走小道捷径，非为公事，从未到过我屋中来。"

【评】

杨氏曰："为政以人才为先，故孔子以得人为问。如灭明者，观其二事之小，而其正大之情可见矣。后世有不由径者，人必以为迂；不至其室，人必以为简。非孔氏之徒，其孰能知而取之？"

"不由径，则动必以正，而无见小欲速之意可知。非公事不见邑宰，则其有以自守，而无枉己殉人之私可见矣。"朱子云："持身以灭明为法，则无苟贱之羞；取人以子游为法，则无邪媚之惑。"（朱熹：《四书章句集注》）

志于道

【原文】

子曰：“志于道，据于德，依于仁，游于艺。”（《论语·卷四·述而第七》）

【译】

孔子说：“立志追求人生理想，确实把握德行修养，绝不背离人生正途，自在涵泳艺文活动。”

【评】

道者，路也，确切地说是指人生正途、人生理想。因为没有人生下来就是完美的，但是，没有人不能够走向完美。孔子用志来表达他追求的目标。

朝闻道，夕死可矣

【原文】

子曰：“朝闻道，夕死可矣。”（《论语·卷二·里仁第四》）

【译】

孔子说：“早晨听懂了人生理想，就算当晚要死也无妨。”

【评】

简单的七个字，含义非常深刻。把道和死连在一起，确实是一种特别的价值观。人生的关键在于你能够转向正确的方向，一旦转向正确的方向，你做起该做的事情来，就非常自由，非常自在，非常主动。

吾道一以贯之

【原文】

子曰："参乎！吾道一以贯之。"曾子曰："唯。"子出。门人问曰："何谓也？"曾子曰："夫子之道，忠恕而已矣。"（《论语·卷二·里仁第四》）

【译】

孔子说："曾参啊！我的思想是用一个基本思想贯彻始终的。"曾子说："是。"孔子走后，其他学生问："什么意思？"曾子说："老师的思想，就是忠恕。"

【评】

尽己之谓忠，推己之谓恕。或曰："中心为忠，如心为恕。"

程子曰："以己及物，仁也；推己及物，恕也，违道不远是也。忠恕一以贯之：忠者天道，恕者人道；忠者无妄，恕者所以行乎忠也；忠者体，恕者用，大本达道也。此与违道不远异者，动以天尔。"（朱熹：《四书章句集注》）

忠恕之道是孔子思想的重要内容，待人以忠恕，这是仁的基本要求，贯穿于孔子思想的各个方面。包含着人之性、人之道、人之成。

絜矩之道

【原文】

所谓平天下在治其国者：上老老而民兴孝，上长长而民兴弟，上恤孤而民不倍【倍，通"背"，背弃】，是以君子有絜矩【絜，量度。矩，画直角或方形用的尺子，引申为法度，规则】之道也。

所恶于上，毋以使下；所恶于下，毋以事上；所恶于前，毋以先后；所恶于后，毋以从前；所恶于右，毋以交于左；所恶于左，毋以交于右：此之谓絜矩之道。（《大学》）

【译】

之所以说平定天下要治理好自己的国家，是因为，在上位的人尊敬老人，老百姓就会孝顺自己的父母，在上位的人尊重长辈，老百姓就会尊重自己的兄长，在上位的人体恤救济孤儿，老百姓也会同样跟着去做。所以，品德高尚的人总是实行以身作则，推己及人的“絜矩之道”。

如果厌恶上司对你的某种行为，就不要用这种行为去对待你的下属；如果厌恶下属对你的某种行为，就不要用这种行为去对待你的上司；如果厌恶在你前面的人对你的某种行为，就不要用这种行为去对待在你后面的人；如果厌恶在你后面的人对你的某种行为，就不要用这种行为去对待在你前面的人；如果厌恶在你右边的人对你的某种行为，就不要用这种行为去对待在你左边的人；如果厌恶在你左边的人对你的某种行为，就不要用这种行为去对待在你右边的人。这就叫作“絜矩之道”。

【评】

“絜矩之道”非常重要。对于任何一个伦理学说来说，首先要提出新的人生目标，然后还要有与之相配套的行为规则，这两者相辅相成。如果没有一套行为规则，而且还必须是简洁的行为规则，那么，新的人生目标就难以推广开来，就只能是纸上谈兵，只能是少数人独自把玩的东西。

“絜矩之道”主要内容就是两条，一是要坚守高层次的道德标准，只能是率先垂范，才能上行下效。明德是每一个人天生就有的东西，比如恻隐之心，尊老爱幼之心，每个人都有，但人们往往由于各种原因而抑制了这些天性，因此闻道之君子就应当顺应人之天性，勇敢地把它表现出来，用实际行动来倡导它们。二是在日常生活中正确处理人际关系，你希望别人怎样对待你，你就首先用这种方式去对待别人，对这种行为方式，也同样要率先垂范，推己及人，从而使每个人都能保持自身利益的适度范围，社会自然就能保持稳定和谐。

是道也，何足以臧

【原文】

子曰：“衣敝【敝，坏也】缊袍【缊袍，以乱麻为絮的袍子，古为贫者所服】，与衣狐貉【狐貉，以狐貉之皮为裘，衣之贵者】者立，而不耻者，其由也与？‘不忮【忮（zhì），害也】不求【求，贪也】，何用不臧【臧，善也】？’”子路终身诵之。子曰：“是道也，何足以臧？”（《论语·卷五·子罕第九》）

【译】

孔子说：“穿着破旧衣服，与穿着狐皮貉皮衣服的人站在一起，而不感到惭愧的人，大概只有子路吧？‘不嫉妒不贪婪，有何不好？’”子路终身记着这话。孔子知道后，又说：“这是应该做到的，怎值得满足？”

【评】

吕氏曰：“贫与富交，强者必忮，弱者必求。”子路之志如此，则能不以贫富动其心，而可以进于道矣，故夫子称之。

谢氏曰：“耻恶衣恶食，学者之大病。善心不存，盖由于此。子路之志如此，其过人远矣。然以众人而能此，则可以为善矣；子路之贤，宜不止此。而终身诵之，则非所以进于日新也，故激而进之。”（朱熹：《四书章句集注》）

孔子教学生一定是从消极变成积极，光是不嫉妒、不贪求那是消极的，好像以前子贡请教说：“贫而无谄，富而无骄，何如？”孔子说比不上“贫而乐道，富而好礼”。从贫穷不谄媚，富有不骄傲，转向贫穷以道为乐，富有还要爱好礼仪，这才是正面的，积极的。从不做不好的事到要做更好的事，这才是孔子对子路的期许。

素其位而行

【原文】

君子素【素，当下也】其位而行，不愿乎其外。素富贵，行乎富贵；素贫贱，行乎贫贱；素夷狄，行乎夷狄；素患难，行乎患难。君子无入而不自得焉。在上位不陵【陵，同凌】下，在下位不援上，正己而不求于人则无怨。上不怨天，下不尤【尤，责备、怪罪】人。故君子居易以俟命，小人行险以徼【徼，求也】幸。子曰：“射有似乎君子；失诸正鹄【鹄（hú），箭靶的中心】，反求诸其身。”（《中庸》）

【译】

君子以其当下的地位行事，不谋求本职之外的事。居富贵，就按富贵人的身份做事；居贫贱，就以贫贱人的身份做事；居夷狄地区，就按夷狄地区的标准做事；处忧患之境，就做忧患中可以做的事。君子无论在什么情况下，都是悠然自得的。

居上位，不欺凌下位的人；居下位，不攀附上位的人。端正自己的品行而不苛求他人，就没有什么抱怨。上不抱怨天，下不埋怨地。

所以，君子处于平安的地位等待命运的安排，小人做危险的事情寻求侥幸。孔子说："射箭与君子有相似之处，如果射不中靶心，就应该回头反省自身。"

【评】

安分守己，在自己的本职岗位上认真发展、恪尽职守，不图虚名，做好自己该做的事情，不贪荣利，不势利眼，为人正派，在自己的工作岗位上做出贡献，谋求更好的发展。如果出现差错过失，多反躬自省，严于责己，自能服人。

过犹不及

【原文】

子贡问："师与商也孰贤？"子曰："师也过，商也不及。"

曰："然则师愈与？"子曰："过犹【犹，如同】不及。"（《论语·卷六·先进第十一》）

【译】

子贡问道："子张与子夏两个人谁比较突出？"孔子说："子张的言行过于急进过于彰显，子夏则稍显不足。"子贡说："那么，子张好一些吗？"孔子说："过度与不足同样不好。"

【评】

“过犹不及”是对中庸思想的具体说明。所以，孔子讲求的是适宜、适度、合节，恰到好处才是正道。

道之不行也，我知之矣

【原文】

子曰：“道之不行也，我知之矣，知者过之，愚者不及也；道之不明也，我知之矣，贤者过之，不肖者不及也。”（《中庸》）

【译】

孔子说：“道的不施行啊，我知道了呀，聪明的（看法）超过了它，愚蠢的（想法）达不到它啊；道的不能彰明啊，我知道了呀，贤能的人（做得）过了头，不肖的人（怎么做也）够不到啊。”

【评】

“知者知之过，既以道为不足行；愚者不及知，又不知所以行，此道之所以常不行也。贤者行之过，既以道为不足知；不肖者不及行，又不求所以知，此道之所以常不明也。”（朱熹：《四书章句集注》）

中庸之道，在于它的中正持平，在于它的自然中和，在于它的接近天道，即自然生化之道。

极高明而道中庸

【原文】

故君子尊德性而道问学，致广大而尽精微，极高明而道中庸。温故而知新，敦厚以崇礼。（《中庸》）

【译】

君子尊崇天赋予的道德本性，又通过求教和学习，使自己的知识既进入宽广博大的境界，又深入到精微细妙之处；使自己达到德行既高尚文明，又能遵循不偏不倚的中庸之道。温习旧有的学问并且了解新颖的观点；敦厚自己的言行，并且由此推崇礼仪的价值。

【评】

这可以说是对中国传统道德教育基本原则的高度概括。中国传统道德教育的“教化”“德教”是为了“生活之迁善”，目标是现实的，而不是玄虚的；方法是注重实证的，而不是注重逻辑分析的；途径是偏重于启迪内心的领悟而达到行为自觉的，而不是偏重于由外在实践体验而达到思想领悟的。

【古文阅读】

送东阳马生序

宋濂

【作者简介】

宋濂（1310—1381年），与刘基、高启合称为明初三大家。朱元璋称他为“开国文臣之首”，字景濂，号潜溪，浦江（今浙江义乌市西北）人。幼时家贫，一生刻苦学习，明朝初年，任江南儒学提举，太子传讲经师，主修《元史》，官至翰林学士承旨、知制诰。洪武十年（1377年），以年老辞官还家。后因他的长孙宋慎牵涉胡惟庸“树党谋反”案（因此案株连致死者三万余人），全家谪徙茂州（今四川省茂汶羌族自治县）。第二年，在去茂州途中，病死于夔州（今重庆奉节一带）。

余幼时即嗜学。家贫，无致书以观，每假借于藏书之家，手自笔录，计日以还。天大寒，砚冰坚，手指不可屈伸，弗之怠。录毕，走送之，不敢稍逾约。以是人多以书假余，余因得遍观群书。

既加冠，益慕圣贤之道。又患无硕师名人与游，尝趋百里外从乡之先达执经叩问。先达德隆望尊，门人弟子填其室，未尝稍降辞色。余立侍左右，援疑质理，俯身倾耳以请；或遇其叱咄，色愈恭，礼愈至，不敢出一言以复；俟其欣悦，则又请焉。故余虽愚，卒获有所闻。

当余之从师也，负箧曳屣，行深山巨谷中，穷冬烈风，大雪深数尺，足肤皲裂而不知。至舍，四肢僵劲不能动，媵人持汤沃灌，以衾拥覆，久而乃和。寓逆旅主人，日再食，无鲜肥滋味之享。同舍生皆被绮绣，戴朱缨宝饰之帽，腰白玉之环，左佩刀，右备容臭，烨然若神人；余则缊袍敝衣处其间，略无慕艳意，以中有足乐者，不知口体之奉不若人也。盖余之勤且艰若此。

今诸生学于太学，县官日有廪稍之供，父母岁有裘葛之遗，无冻馁之患矣；坐大厦之下而诵《诗》《书》，无奔走之劳矣；有司业、博士为之师，未有问而不告，求而不得者也；凡所宜有之书，皆集于此，不必若余之手录，假诸人而后见也。其业有不精，德有不成者，非天质之卑，则心不若余之专耳，岂他人之过哉?

东阳马生君则在太学已二年，流辈甚称其贤。余朝京师，生以乡人子谒余。撰长书以为贽，辞甚畅达，与之论辩，言和而色夷。自谓少时用心于学甚劳，是可谓善学者矣！其将归见其亲也，余故道为学之难以告之。谓余勉乡人以学者，余之志也；诋我以夸际遇之盛而骄乡人者，岂知余者哉！

【译】

我小时候就很爱读书。家穷，没法取得书来读，常向有书的人家借，借来就亲自抄写，计算着日子按时归还。天气很冷，砚池里的水也结成坚硬的冰，手指冻得不能弯曲伸直，但我不因此而有所放松。抄写完毕，跑去送还，不敢稍微超过期限。因此人家都愿意把书借给我，我因此能看到各种各样的书。

到了成年的时候，更加仰慕古代圣贤的学说。又担心没有大师名人交游请教，我曾经跑到百里外，捧着经书向当地有道德学问的前辈请教。先达的道德声望高，向他求教的学生挤满了他的房间，他不曾把言辞放委婉些，把脸色放温和些。我站立在他的身边，提出疑难问题，探求道理，弯着身子，侧着耳朵，恭恭敬敬地求教；有时遇到他斥责，我的态度更加恭顺，礼节更加周到，不敢说一句话辩解，等到他高兴了，就去请教。所以我虽然愚笨，最终还是有了不少收获。

当我拜师的时候，背着书籍拖着鞋子，走在深山大谷里，冒着严冬和凛冽的寒风，踏着深数尺的大雪，连脚上的皮肤也冻裂了我还不知道。到了旅舍，四肢冻得僵硬不能动，服侍的人拿来温水给我浇洗，用被子把我裹好盖好，很久很久才暖和过来。寄居在旅舍的主人，一天吃两碗饭，没有新鲜肥美的食物可以享用。

同住旅舍的同学们都穿着丝绸锦绣的衣服，戴红缨和宝石装饰的帽子，腰上佩有白玉圈子，左边带着刀，右边挂着香袋子，闪烁地照耀就像神仙一样；可是我却穿着破旧的衣服，生活在他们中间，毫无羡慕的意思。因为我心中自有所乐之处，并不感到穿的条件不如人。我求学辛勤且艰苦的情况大体如此。

现在许多学生在太学里学习，朝廷每天有供应米粮，父母每年有皮衣和夏衣送来，再也没有冻饿的忧虑了；坐在大厦里诵读《诗》《书》，也没有奔走的劳累了；有司业、博士当他们的老师，没有问题得不到解答，没有任何要求得不到满足的；凡是应当有的书都聚集在这里了，不必像我那样亲笔抄写，向别人借才见到。他们的学业要是不精通，德行要是不成器的，不是天资低下，而是用心不及我的专一罢了，哪里是别人的错呢？

东阳的书生马君则在太学里读书已经两年了，同辈的人非常称赞他贤能。我到京城朝见皇帝，马生以同乡晚辈的身份来拜见我。写了长信作为致敬的礼物，言辞很流畅。和他分析议论问题，言语温和而脸色夷悦。他自己说少年时在学习上用心，很劳苦。这可以说是善于学习的了。他将要回去探望他的父母，我因此讲些求学的难处来告诉他。如果说我勉励同乡努力学习，则是我的意志；如果诋毁我夸耀自己遭遇之好而在同乡前骄傲，那是不了解我啊！

第三章　正心

修身在正其心

【原文】

所谓修身在正其心者，身有所忿懥【忿懥(zhì)，愤怒】，则不得其正；有所恐惧，则不得其正；有所好乐，则不得其正；有所忧患，则不得其正。

心不在焉，视而不见，听而不闻，食而不知其味。此谓修身在正其心。（《大学》）

【译】

之所以说修养自身的品性要先端正自己的心思，是因为心有愤怒，就不能够端正；心有恐惧，就不能够端正；心有喜好，就不能够端正；心有忧虑，就不能够端正。

心思不端正就像心不在自己身上一样：虽然在看，但却像没有看见一样；虽然在听，但却像没有听见一样；虽然在吃东西，但却一点也不知道是什么滋味。

所以说，要修养自身的品性必须要先端正自己的心思。

【评】

“欲修其身者，先正其心；欲正其心者，先诚其意”。正心是诚意之后的进修阶梯。在“诚其意”之后，才能“正其心”，而修身就必须要以端正的心思（理智）来驾驭感情，进行调节，以保持中正平和的心态，才能集中精神来修养品性。

【延伸阅读】

心之官则思

【原文】

公都子问曰："钧【钧，同"均"】是人也，或为大人，或为小人，何也？"孟子曰："从其大体为大人，从其小体为小人。"

曰："钧是人也，或从其大体，或从其小体，何也？"

曰："耳目之官不思，而蔽于物，物交物，则引之而已矣。心之官则思，思则得之，不思则不得也。此天之所与我【我，泛指人类】者，先立乎其大者，则其小者弗能夺也。此为大人而已矣。"（《孟子·卷十一·告子上（十五）》）

【译】

公都子问道："同样是人，有的成为君子，有的成为小人，这是为什么呢？"孟子说："注重身体重要器官（心志）需要的就成为君子，注重身体次要器官需要的就成为小人。"

公都子说："同样是人，有的人注重身体重要器官的需要，有的人注重身体次要器官的需要，这又是为什么呢？"

孟子说：耳目一类器官不能思考而易被外物所蒙蔽。耳目和外界事物一接触，就只有为外物所诱罢了。心这种器官则有思虑之功，对外界物诱有控制之能，如思考，就能得到人的本来的善性，不思考便得不到。心是上天赋予人类而特有的。（你）首先把心树立了，其他器官就不会迷失天生的善性。成为圣人君子的道理不过是这样罢了。

【评】

心能思考，人是自由的，选择、判断、行动全由心决定。孟子认为，耳目是不会思考的器官，因此，不能光用眼睛看、耳朵听。那样做很容易被事物的假象所蒙蔽。只有经过思考，才会有心得体会，才会透过事物的表面而深入理解它的实质。孟子道出了心性的修养是人的根本，因此，必须把品德修养放在修身的首位。

欲贵者，人之同心也

【原文】

孟子曰："欲贵者，人之同心也。人人有贵于己者，弗思耳。人之所贵者，非良贵也。赵孟之所贵，赵孟能贱之。"(《孟子·卷十一·告子上(十七)》)

【译】

孟子说："希望尊贵，这是人们的共同心理。不过，每个人自己其实都有可尊贵的东西，只不过没有想到它罢了。别人所给予的尊贵，并不是真正的尊贵。赵孟使你尊贵，赵孟也同样可以使你下贱。"

【评】

这一句讲到"心"的可贵。赵孟，春秋时晋国正卿赵盾，字孟。他的子孙如著名的赵文子赵武、赵简子赵鞅、赵襄子赵无恤等都因袭赵盾而称赵孟。这里以赵孟代指有权势的人物，不一定具体指哪一个。

在孟子看来，世上有两种尊贵的东西，一是外在的，即膏粱文绣，这是要靠别人给予的；二是内在的，即仁义道德，这是不靠别人给予而要靠自己良心发现，自己培育滋养的。前者并不是真正尊贵的东西，因为别人可以给予你也可以剥夺你；后者才是真正尊贵的，别人不可剥夺的。

尽其心，知其性

【原文】

孟子曰："尽其心者，知其性也。知其性，则知天矣。存其心，养其性，所以事天也。殀寿不贰，修身以俟之，所以立命也。"(《孟子·卷十三·尽心上(一)》)

【译】

孟子说："一个人充分实践他的善心，就会懂得人的本性。懂得人的本性，便是知道了天命。努力保存善心，培养善性，这就是对待天的方法。不管短命还是长寿都不动摇改变，修身养性以等待天命的抉择，这就是安身立命的方法。"

【评】

这一段特别重要，提出了寿夭、安身立命的根本问题。

"尽其心者，知其性也"，就是一个人想要了解本性，只有一个方法，就是尽其心（充分实践其心）。如何尽其心？心会有各种要求，孟子讲过，"乍见孺子将入于井，皆有怵惕恻隐之心。"孟子排除了一切外在条件，"非所以内交于孺子之父母也，非所以要誉于乡党朋友也，非恶其声而然也"，完全出自真心。进而提出了"人心有四端"（恻隐、羞恶、辞让、是非），光有四端还不行，"知皆扩而充之矣"，这就是尽其心。所以，尽其心，就知道天给了人向善之性，照此推理，人生之道就是"择善而固执之"，最后达到"止于至善"。

存其心，心为什么要存呢？因为它可能丧失，不能处于固定本质的状态。所以，必须以实际的善行去滋养、培育。

立命，儒家从孔子开始，就面对命运与使命两条路线的激荡与冲突。

吾日三省吾身

【原文】

曾子曰："吾日三省【省(xǐng)，检查、察看】吾身：为人谋而不忠乎？与朋友交而不信乎？传不习乎？"（《论语・卷一・学而第一》）

【译】

曾子说："我每天都会多次反省自己——为别人做事尽心竭力了吗？与朋友相处能以诚相待吗？老师传授的学业能不断温习吗？"

【评】

尽己之谓忠。以实之谓信。传，谓受之于师。习，谓熟之于己。(朱熹：《四书章句集注》)。不忠乎？不信乎？不习乎？从反面省察自己，这是非常正确的态度。通常我们反省的时候，老想着别人有没有对不起我啊，别人有没有做错事啊？都反省别人去了，没有意识到应该反省自己的问题。别人有没有过错，你反省了也没用，因为他不见得会改。你自己有过错，能够不断反省，就能不断长进。这是正心最重要的一步。

君子有九思

【原文】

子曰："君子有九思：视思明，听思聪，色思温，貌思恭，言思忠，事思敬，疑思问，忿思难，见得思义。"(《论语·卷八·季氏第十六》)

【译】

孔子说："君子有九件用心思虑的事，看要想到看明白没有，听要想到听清楚没有，神态要想到是否温和，容貌要想到是否恭敬，言谈要想到是否诚实，处事要想到是否谨慎，有疑问要想到是否要求教，愤怒要想到是否有后患，有意外得到要想到是否理所该得。"

【评】

"思"是高度的警觉。有这九思，人生怎么可能有任何一刹那分心呢？怎么可能有任何一刹那做错事呢？

【诗歌欣赏】

正气歌

文天祥

【作者简介】

文天祥（1236—1283 年），字履善，号文山，宝祐四年（1256 年）中状元后再改字宋瑞。“天祥，天祥，这是天降的吉祥，是宋朝有瑞气的预兆。”抗元英雄文天祥的《正气歌》系写作于北京（元大都），鲜为人知的文天祥祠在北京市东城区府学胡同，是文天祥曾被元朝关押三年的地方。

（序）余囚北庭，坐一土室。室广八尺，深可四寻。单扉低小，白间短窄，污下而幽暗。当此夏日，诸气萃然：雨潦四集，浮动床几，时则为水气；涂泥半朝，蒸沤历澜，时则为土气；乍晴暴热，风道四塞，时则为日气；檐阴薪爨，助长炎虐，时则为火气；仓腐寄顿，陈陈逼人，时则为米气；骈肩杂遝，腥臊汗垢，时则为人气；或圊溷【圊溷（qīnghùn），厕所】、或毁尸、或腐鼠，恶气杂出，时则为秽气。叠是数气，当之者鲜不为厉【厉，古同“疠”“癞”，恶疮】。而予以孱弱，俯仰其间，於兹二年矣，幸而无恙，是殆有养致然尔。然亦安知所养何哉？孟子曰：“吾善养吾浩然之气。”彼气有七，吾气有一，以一敌七，吾何患焉！况浩然者，乃天地之正气也，作正气歌一首。

天地有正气，杂然赋流形。
下则为河岳，上则为日星。
于人曰浩然，沛乎塞苍冥。
皇路当清夷，含和吐明庭。
时穷节乃见，一一垂丹青。
在齐太史简，在晋董狐笔。
在秦张良椎，在汉苏武节。
为严将军头，为嵇侍中血。

为张睢阳齿，为颜常山舌。
或为辽东帽，清操厉冰雪。
或为出师表，鬼神泣壮烈。
或为渡江楫，慷慨吞胡羯。
或为击贼笏，逆竖头破裂。
是气所磅礴，凛烈万古存。
当其贯日月，生死安足论。
地维赖以立，天柱赖以尊。
三纲实系命，道义为之根。
嗟予遘阳九，隶也实不力。
楚囚缨其冠，传车送穷北。
鼎镬甘如饴，求之不可得。
阴房阒鬼火，春院闭天黑。
牛骥同一皂，鸡栖凤凰食。
一朝蒙雾露，分作沟中瘠。
如此再寒暑，百疠自辟易。
哀哉沮洳场，为我安乐国。
顾此耿耿在，仰视浮云白。
悠悠我心悲，苍天曷有极。
哲人日已远，典刑在夙昔。
风檐展书读，古道照颜色。

【译】

天地之间正气存，赋予形体杂纷纷。地上江河与山岳，天上日月和繁星。人有正气叫浩然，充塞环宇满盈盈。生逢圣世清明年，平平和和效朝廷。国难当头见气节，永垂青史留美名。齐国太史不惧死，崔杼弑君载史籍；晋国董狐真良史，手握“书法不隐”笔；韩国张良雪国耻，椎杀秦皇遭通缉；苏武留胡十九年，终日手持汉朝节；巴郡太守老严颜，甘愿断头不妥协；晋代侍中名嵇绍，为救国君洒热血；张巡当年守睢阳，咬牙切齿讨逆贼；常山太守颜杲卿，骂敌骂断三寸舌；辽东管宁“着皂帽”，清操自励若冰雪；诸葛《出师》

复汉室，鞠躬尽瘁何壮烈！祖逖渡江誓击楫，奋威慷慨吞胡羯；秀实夺笏击狂贼，贼头破裂直流血。浩然之气多磅礴，志士英名万古存。每当正气贯日月，谁把生死放在心。

地靠正气得以立，天靠正气成至尊。三纲靠此得维持，道义以此为本根。可叹我生逢乱世，竟无才力救危亡。被俘仍戴南国帽，囚车押我到北方。折磨摧残何所惧，酷刑只当饮糖浆。牢房死寂见鬼火，春来紧闭黑茫茫。老牛骏马共槽食，鸡窝里面栖凤凰。一旦染病便死亡，枯骨弃野多凄凉。如此恶境囚两载，各种毒害不能伤。牢房阴森令人哀，是我安乐之天堂。岂有智谋与巧计，能防邪毒来伤身。光明磊落忠义心，我视生死如浮云。我心悲伤悠绵绵，好似苍天哪有边？贤哲虽然已远去，榜样令我心更坚。檐心展读圣贤书，光华照彻我容颜。

【故事链接】

心正则笔正

唐朝有位著名书法家叫柳公权，从小就显示出在书法方面的过人天赋，他写的字远近闻名。有一天，柳公权和几个小伙伴举行“书会”。这时，一个卖豆腐的老人看到他写的几个字“会写飞凤家，敢在人前夸”，觉得这孩子太骄傲了，便皱皱眉头，说：“这字写得并不好，好像我的豆腐一样，没筋没骨，还值得在人前夸吗？”小公权一听，很不高兴地说：“有本事，你写几个字让我看看。”

老人爽朗地笑了笑，说：“不敢，不敢，我是一个粗人，写不好字。可是，人家有人用脚都写得比你好得多呢！不信，你到华京城看看去吧。”

第二天，小公权起了个五更，独自去了华京城。一进华京城，他就看见一棵大槐树下围了许多人。他挤进人群，只见一个没有双臂的黑瘦老头赤着双脚，坐在地上，左脚压纸，右脚夹笔，正在挥洒自如地写对联，笔下的字迹似群马奔腾、龙飞凤舞，博得围观的人们阵阵喝彩。

小公权“扑通”一声跪在老人面前，说：“我愿意拜您为师，请您告诉我写字的秘诀……”老人慌忙用脚拉起小公权说：“我是个孤苦的人，生来没手，只得靠脚巧混生活，怎么能为人师表呢？”小公权苦苦哀求，老人才在地上铺了一张纸，用右脚写了几个字：“写尽八缸水，砚染涝池黑；博取百家长，始得龙凤飞。”

柳公权把老人的话牢记在心，从此发愤练字。手上磨起了厚厚的茧子，衣肘补了一层又一层。经过苦练，柳公权终于成为一代书法大家。

他不仅字写得好，做人也和他的字一样，铁骨铮铮、正直不阿。据说，有一次柳公权在写字，穆宗皇帝边看边连连赞叹，惊诧地问：“你的字怎么写得这么好？能告诉我书法的秘诀吗？”柳公权毫不犹豫地回答：“用笔在心，心正则笔正！”写字的诀窍在于心，心不清净、不端正，字也不可能漂亮。

第四章 正容

君子所贵乎道者三

【原文】

曾子有疾，孟敬子问之。曾子言曰："鸟之将死，其鸣也哀；人之将死，其言也善。君子所贵乎道者三：动容貌，斯远暴慢矣；正颜色，斯近信矣；出辞气，斯远鄙倍矣。笾豆之事，则有司存。"（《论语·卷四·泰伯第八》）

【译】

曾子有病，孟敬子去看望他。曾子对他说："鸟快死了，它的叫声是悲哀的；人快死了，他说的话是善意的。君子所应当重视的道有三个方面：使自己的容貌庄重严肃，这样可以避免粗暴、放肆；使自己的脸色一本正经，这样就接近于诚信；使自己说话的言辞和语气谨慎小心，这样就可以避免粗野和背理。至于祭祀和礼节仪式，自有主管这些事务的官吏来负责。"

【评】

"笾"，古代祭祀和宴会时盛果脯的竹器，形状像豆，故称为"笾豆"。"笾豆之事"，并不是单指祭祀，因为古代的祭祀活动，接见外宾的宴会等礼节，其实就是一项很严肃的政治工作。

"鸟畏死，故鸣哀；人穷反本，故言善。"程子曰："动容貌，举一身而言也。周旋中礼，暴慢斯远矣。正颜色则不妄，斯近信矣。出辞气，正由中出，斯远鄙倍。三者正身而不外求，故曰笾豆之事则有司存。"尹氏曰："养于中则见于外，曾子盖以修己为为政之本。若乃器用事物之细，则有司存焉。"（朱

熹:《四书章句集注》)

孟敬子是鲁国的大夫，大夫的官职相当于现在国家的部长级领导，他来请问曾子，当然是想请教处理国家政事的方法，而在曾子看来，处理国家政事和做人来相比较，做人第一，处理国家政事第二；做人是本，处理国家政事是末。也就是说，做人合格了，则处理起国家政事来就自然是公平、公正的，得心应手的，有条不紊的。因此，曾子把问题撇开了，只教他做君子的三条道理，其深刻意义就是：做事必先做人。

【延伸阅读】

孔子之“衣”

【原文】

君子不以绀【绀(gàn)，深青扬赤色，绀色是斋服用色】緅【緅(zǒu)，绛色。三年之丧，以饰练服也】饰【滚边、镶边】，红紫不以为亵服【亵(xiè)服，便服，内衣，家居时穿的衣服】。当暑，袗【袗(zhěn)，单衣】绨绤【绨(chī)，细葛麻布。绤(xì)，粗葛麻布】，必表而出之。缁衣羔裘，素衣麑裘，黄衣狐裘。亵裘长，短右袂。必有寝衣，长一身有半。……

齐【齐，同斋】，必有明衣，布。齐必变食【变食，改变平常的饮食。指不饮酒，不吃葱、蒜等有刺激味的东西】，居必迁坐。(《论语·卷五·乡党第十》)

【译】

君子不用带红、带紫的青布做领与袖的饰边，不能用红紫做私居之服。暑天在家可穿单葛衣，出门一定要加上衣。黑衣之内宜黑羔裘，白衣之内宜白麑裘，黄衣之内宜黄狐裘。冬天在家所穿之裘，宜长而保暖，右边的袖要卷起，便于做事。睡觉一定要穿睡衣，睡衣要宽松，长而及膝。

斋戒沐浴的时候，一定要有浴衣，用布做的。斋戒的时候，一定要改变平常的饮食，居住也一定搬移地方（不与妻妾同房）。

【评】

本章记录了孔子对衣着的重视，一切遵循合适、合体的原则，反对杂色。因为孔子说："恶似而非者：恶莠，恐其乱苗也；恶佞，恐其乱义也；恶利口，恐其乱信也；恶郑声，恐其乱乐也；恶紫，恐其乱朱也；恶乡原，恐其乱德也。"

孔子之"食"

【原文】

食不厌精，脍【脍(kuài)，切细的鱼、肉】不厌细。食饐【饐(yì)，陈旧。食物放置时间长了】而餲【餲(ài)，变味了】，鱼馁而肉败，不食。色恶，不食。臭恶，不食。失饪，不食。不时，不食。割不正，不食。不得其酱，不食。肉虽多，不使胜食气。惟酒无量，不及乱。沽酒市脯，不食。不撤姜食，不多食。

祭于公，不宿肉。祭肉不出三日。出三日，不食之矣。

食不语，寝不言。

虽疏食菜羹，瓜【鲁论"瓜"作"必"】祭，必齐如也。(《论语·卷五·乡党第十》)

【译】

粮食不嫌舂得精，鱼和肉不嫌切得细。粮食陈旧和变味了，鱼和肉腐烂了，都不吃。食物的颜色变了，不吃。气味变了，不吃。烹调不当，不吃。不时新的东西，不吃。肉切得不方正，不吃。佐料放得不适当，不吃。席上的肉虽多，但吃的量不超过米面的量。只有酒没有限制，但不喝醉。从市上买来的肉干和酒，不吃。每餐必须有姜，但也不多吃。孔子参加国君祭祀典礼时分到的肉，不能留到第二天。祭祀用过的肉不超过三天。超过三天，就不吃了。

吃饭时不讨论，睡觉时不说话。

即使吃的是粗饭与菜汤，也一定要祭拜，态度一定恭敬而虔诚。

【评】

这里表述了孔子的饮食之道。虽然讲究多点，但是符合养生之道。“不厌”，言以是为善，非谓必欲如是也。谢氏曰："圣人饮食如此，非极口腹之欲，盖养气体，不以伤生，当如此。”（朱熹:《四书章句集注》）

孔子之“坐”

【原文】

席不正，不坐。

寝不尸，居不容。（《论语·卷五·乡党第十》）

【译】

座席没有摆正，就不坐。睡觉时不像死尸一样直挺挺地躺着，平时在家闲居也不像待客或做客时那样正襟危坐。

【评】

“席”，指铺在地上的草席、蒲苇或竹篾等。古代没有椅子和桌子，都坐在铺于地面的席子上。“尸”，像死尸那样（直挺挺地躺着）。现代科学也证明，最理想的睡姿为右侧卧。

孔子在落座前，席子不端正，是不会坐下的。透过此等小事，我们可以看到，孔子的内心，他的精神世界中有着一种强大而坚定的中正观念。孔子还说，人的起居，既要讲养生，也要讲舒适。正式场合与非正式场合是要区分的，该正襟危坐时不可马虎，该自由随便时也不要做作。

不要小看这一种规矩，这样的规矩可以让你做事更加专注，养成好的生活习惯。养成好的生活习惯，有助于你成就更大的成功。

孔子之“行”

【原文】

见齐衰【齐衰（zīcuī），指丧服者】者，虽狎【狎（xiá），亲近的意思】，必变。见冕者与瞽者，虽亵【亵(xiè)，常见、熟悉】，必以貌。凶服者式【式，车前横木。有所敬，则俯而凭之】之。式负版者。有盛馔，必变色而作。迅雷风烈，必变。

升车，必正立执绥【绥，上车时扶手用的索带】。车中，不内顾，不疾言，不亲指。(《论语·卷五·乡党第十》)

【译】

(孔子)看见穿丧服的人，即使是关系很亲密的，也一定要把态度变得严肃起来。看见当官的和盲人，即使是常在一起的，也一定要有礼貌。在乘车时遇见穿丧服的人，便俯伏在车前横木上(以示同情)。遇见背负国家图籍的人，也这样做(以示敬意)。(做客时)如果有丰盛的筵席，就神色一变，并站起来致谢。遇见迅雷大风，一定要改变神色(以示对上天的敬畏)。

上车时，一定先直立站好，然后拉着扶手带上车。在车上，不回头，不高声说话，不用自己的手指指点点。

【评】

范氏曰："圣人之心，哀有丧，尊有爵，矜不成人。"

"式此二者，哀有丧，重民数也。人惟万物之灵，而王者之所天也，故《周礼》'献民数于王，王拜受之'。况其下者，敢不敬乎？"

"有盛馔，必变色而作"。敬主人之礼，非以其馔也。

"迅雷风烈，必变"。迅，疾也。烈，猛也。必变者，所以敬天之怒。(朱熹：《四书章句集注》)

胸中正，则眸子了焉

【原文】

孟子曰："存乎人者，莫良于眸子。眸子不能掩其恶。胸中正，则眸子瞭焉；胸中不正，则眸子眊【眊(mào)，眼睛昏花不明】焉。听其言也，观其眸子，人焉廋【廋(sōu)，藏匿，隐藏】哉？"(《孟子·卷七·离娄上(十五)》)

【译】

孟子说："观察一个人，最好莫过于观察他的眼睛。因为眼睛掩盖不了一个人内心的丑恶。心地光明正大，眼睛就会明亮；心地不光明正大，眼睛就灰暗无神。听一个人讲话的时候，注意观察他的眼神，这个人（是美是丑）怎么能够隐匿起来呢？"

【评】

孟子认为，具体点说，就是人如果胸中正，则磊落正气，坦荡襟怀，眼睛就会清澈透亮，犹如一泓清水，直视无碍；人如果胸中不正，就会眼睛闪烁，眼珠游离，神光不定，蒙翳昏暗。

【故事链接 1】

苏轼名字的由来

从苏轼、苏辙兄弟的名字中，我们可以看出，他们名字的奇特之处就是都与车有关系。苏轼名字中的"轼"，本义是指设在车厢前面供人凭倚的横木。《说文》中解释道："轼，车前也。"苏轼的字"子瞻"，则源于《左传·庄公十年》"登轼而望之"中的"望"，比较符合苏轼少年时踌躇满志的张扬作风。

而苏辙名字中的"辙"，本义是指车迹，车轮碾过的痕迹。《左传·庄公十年》有"下，视其辙"的句子。苏辙的字"子由"，则带有仿效、依循的意思，说白了就是跟着别人走。在为人处世方面，苏辙相比哥哥苏轼，要内敛得多。

苏洵为什么要给两个儿子起这样的名字呢？这还要从庆历六年（1046年），苏洵赴京赶考说起。尽管苏洵的才学可以"帝王师"，可在朝廷腐败、官场黑暗的环境下还是落榜了。他由此对科举、朝廷失去了信心，转而把希望寄托在两个儿子身上。第二年返乡后，苏洵写了一篇寄寓深重的《名二子说》。当时，苏轼十一岁，苏辙八岁。苏洵虽然对两个孩子寄予很大希望，但又对他们的生活道路充满忧虑。

苏轼个性张扬、豪放不羁，而苏辙的性格则相对内敛。苏洵对两个儿子的脾性秉性非常了解，为了劝诫与勉励儿子，他在《名二子说》阐释了为二子命名的深意。他说："轮辐盖轸，皆有职乎车，而轼独若无所为者。虽然，去轼则吾未见其为完车也。轼乎，吾惧汝之不外饰也。天下之车，莫不由辙，而言车之功者，辙不与焉。虽然，车仆马毙，而患亦不及辙。是辙者善处乎祸福之间也。辙乎，吾知免矣。"

苏洵这段话的意思是说，车轮、车辐、车盖、车轸，对于一辆车来说各有用途，缺一不可，而车轼则似乎是作用不大，可有可无，但一辆车如果缺了"轼"，也就不成其为完车了。由于这根横木有些过于张扬显露，所以苏洵在给苏轼取这个名字时说"吾惧汝之不外饰也"，反映了当时苏洵矛盾的心理，既希望儿子的个性能充分发挥，又担心他过于张扬而遭人嫉妒，于是他又给苏轼起了个字叫作"子瞻"，意思是让他瞻前顾后，谨慎小心。而对于另一个儿子苏辙，苏洵则相对比较放心，取名为"辙"，字"子由"，意思是让他跟着别人走。虽然"辙"不像"轼"那样引人注目，却也不易遭人嫉恨。

苏洵这段近乎测字占卜的文字，从某一方面概括了苏轼、苏辙的性格，预测了他们的命运。苏轼豪放不羁、光照千古，却屡招人妒，一生坎坷。苏轼未能因父亲取名"轼"而改掉"不外饰"的性格。这"不外饰"的性格，使他对改革派的过激作为和保守派的守旧作风，都进行了坦言告诫，并因此吃尽了苦头。

【故事链接 2】

青梅煮酒论英雄

一日，关、张不在，玄德正在后园浇菜，许褚、张辽引数十人入园中曰："丞相有命，请使君便行。"玄德惊问曰："有甚紧事？"许褚曰："不知。只教我来相请。"玄德只得随二人入府见操。

操笑曰："在家做得好大事！"唬得玄德面如土色。操执玄德手，直至后园，曰：“玄德学圃不易！”玄德方才放心。

答曰：“无事消遣耳。”

操曰：“适见枝头梅子青青，忽感去年征张绣时，道上缺水，将士皆渴；吾心生一计，以鞭虚指曰：‘前面有梅林。’军士闻之，口皆生唾，由是不渴。今见此梅，不可不赏。又值煮酒正熟，故邀使君小亭一会。”玄德心神方定。随至小亭，已设樽俎：盘置青梅，一樽煮酒。二人对坐，开怀畅饮。酒至半酣，忽阴云漠漠，骤雨将至。从人遥指天外龙挂，操与玄德凭栏观之。

操曰：“使君知龙之变化否？”

玄德曰：“未知其详。”

操曰：“龙能大能小，能升能隐；大则兴云吐雾，小则隐介藏形；升则飞腾于宇宙之间，隐则潜伏于波涛之内。方今春深，龙乘时变化，犹人得志而纵横四海。龙之为物，可比世之英雄。玄德久历四方，必知当世英雄。”

玄德曰：“备肉眼安识英雄？”

操曰：“休得过谦。”

玄德曰：“备叨恩庇，得仕于朝。天下英雄，实有未知。”

操曰：“既不识其面，亦闻其名。”

玄德曰：“淮南袁术，兵粮足备，可为英雄？”

操笑曰：“冢中枯骨，吾早晚必擒之！”

玄德曰：“河北袁绍，四世三公，门多故吏；今虎踞冀州之地，部下能事者极多，可为英雄？”

操笑曰：“袁绍色厉胆薄，好谋无断；干大事而惜身，见小利而忘命，非英雄也。”

玄德曰：“有一人名称八俊，威镇九州，刘景升可为英雄？”

操曰：“刘表虚名无实，非英雄也。”

玄德曰：“有一人血气方刚，江东领袖——孙伯符乃英雄也？”

操曰：“孙策借父之名，非英雄也。”

玄德曰：“益州刘季玉，可为英雄乎？”

操曰：“刘璋虽系宗室，乃守户之犬耳，何足为英雄！”

玄德曰：“如张绣、张鲁、韩遂等辈皆何如？”

操鼓掌大笑曰：“此等碌碌小人，何足挂齿！”

玄德曰:“舍此之外，备实不知。”

操曰 :“夫英雄者，胸怀大志，腹有良谋，有包藏宇宙之机，吞吐天地之志者也。”

玄德曰:“谁能当之？”

操以手指玄德，后自指，曰:“今天下英雄，惟使君与操耳！”

玄德闻言，吃了一惊，手中所执匙箸，不觉落于地下。时正值天雨将至，雷声大作。

玄德乃从容俯首拾箸曰:“一震之威，乃至于此。”

操笑曰:“丈夫亦畏雷乎？”

玄德曰 :“圣人迅雷风烈必变，安得不畏？”将闻言失箸缘故，轻轻掩饰过了。操遂不疑玄德。

第五章　正身——政治之道

欲影正者端其表，欲下廉者先己身

【原文】

欲影正者端其表，欲下廉者先己身。（汉·桓宽《盐铁论·疾贪》）

【译】

想要影子端正，必须端正身体，想要下边的人廉洁，首先要从自己做起。

【评】

一个人的道德品行是否端正，特别是作为上级、领导干部来说，这一点尤为重要，它直接展示出自己的人品和官品。虽然每个人的职位不同、权力也有大小，但廉洁从政、一心为民的服务要求是完全不可改变的。

【延伸阅读】

政者，正也

【原文】

季康子问政于孔子。孔子对曰："政者，正也。子帅以正，敢不正？"（《论语·卷六·颜渊第十二》）

【译】

季康子（鲁国大夫）向孔子问政。孔子回答说，“政的意思就是端正。统治者自己带头端正，以身作则、作出表率，谁人敢不走正道呢？”

【评】

政治就是走上正道。范氏曰：“未有己不正而能正人者。”（朱熹：《四书章句集注》）

何为则民服

【原文】

哀公问曰：“何为则民服？”孔子对曰：“举直错【错，同“措”，放置、安排】诸枉，则民服；举枉错诸直，则民不服。”（《论语·为政》）

【译】

鲁哀公问道：“如何做人民才会信服呢？”孔子回答说：“选拔正直的人，位置安排在不正直的人之上，人民就信服了；把不正直的人安排在正直的人的位置之上，人民就不信服了。”

【评】

程子曰：“举错得义，则人心服。”

谢氏曰：“好直而恶枉，天下之至情也。顺之则服，逆之则去，必然之理也。然或无道以照之，则以直为枉，以枉为直者多矣，是以君子大居敬而贵穷理也。”（朱熹：《四书章句集注》）

使民敬、忠以劝，如之何

【原文】

季康子问：“使民敬、忠以劝，如之何？”子曰：“临之以庄则敬，孝慈则忠，举善而教不能则劝。”（《论语·卷一·为政第二》）

【译】

（鲁哀公时的鲁国宰相）季康子问："要使人民尊敬我，效忠于我，又能相互勉励而乐于为善，我该怎么办？"孔子说："你用庄重严肃的态度对待民众，人民就会尊敬你。你孝敬父母，又提倡民众孝敬父母，并且你慈爱儿子，又爱民如子，他们就会效忠于你。你选拔任用善良优秀的人，又教育能力差的人，则人民就会相互勉励而乐于向善了。"

【评】

季康子，姓季孙，名肥。"康"是谥号。"子"是尊称。鲁哀公时，任正卿（宰相），政治上最有势力。

庄，谓容貌端严也。临民以庄，则民敬于己。孝于亲，慈于众，则民忠于己。善者举之而不能者教之，则民有所劝而乐于为善。

张敬夫曰："此皆在我所当为，非为欲使民敬忠以劝而为之也。然能如是，则其应盖有不期然而然者矣。"（朱熹：《四书章句集注》）

君子之德风，小人之德草

【原文】

季康子问政于孔子曰："如杀无道，以就有道，何如？"孔子对曰："子为政，焉用杀？子欲善，而民善矣。君子之德风，小人之德草。草上之风，必偃【偃，仆，倒】"。（《论语·卷六·颜渊第十二》）

【译】

季康子问孔子如何治理政事，说："如果杀掉无道的人来成全有道的人，怎么样？"孔子说："您治理政事，哪里用得着杀戮的手段呢？您只要行善，老百姓也会跟着行善。在位者的品德好比风，在下的人的品德好比草，风吹到草上，草就必定跟着倒。"

【评】

季康子把人分为两类：有道与无道。无道就是坏人，都该杀掉；有道就是好人，我多亲近。难道坏人生下来就是坏人吗？而且，坏人一旦改过，能够变成好人；好人堕落，就成了坏人。

尹氏曰："杀之为言，岂为人上之语哉？以身教者从，以言教者讼，而况于杀乎？"（朱熹：《四书章句集注》）。此所谓"上行下效"。

举直错诸枉，能使枉者直

【原文】

樊迟问仁。子曰："爱人。"问知。子曰："知人。"樊迟未达。子曰："举直错诸枉，能使枉者直。"樊迟退，见子夏。曰："乡【乡，通"向"。从前。此犹说"刚才"】也吾见于夫子而问知，子曰，'举直错诸枉，能使枉者直'，何谓也？"子夏曰："富哉言乎！舜有天下，选于众，举皋陶，不仁者远矣。汤有天下，选于众，举伊尹，不仁者远矣。"（《论语·卷六·颜渊第十二》）

【译】

樊迟问什么是仁。孔子说："爱人。"（樊迟又）问什么是智。孔子说："知道识别人。"樊迟还不能透彻理解。孔子说："推举选拔正直的人，安排的位置在邪恶的人之上，这样就能使邪恶的人转化为正直。"樊迟（从孔子那儿）出来，见到子夏，说："刚才我见到老师，问什么是智，老师说：'选拔推举正直的人，安排的位置在邪恶的人之上，这样就能使邪恶的人转化为正直。'这话是什么意思呀？"子夏说："这是（意义）丰富而深刻的话啊！舜有了天下，在众人中选拔人才，推举了皋陶，不仁的人就被疏远了。汤有了天下，在众人中选拔人才，推举了伊尹，不仁的人就被疏远了。"

【评】

"仁"是"爱人"，不分亲疏远近都要爱；而"智"又要求"知人"，善于识别人，辨明正、邪、贤、否、智、愚而区别对待；那么，"仁"与"智"是否矛盾，要做到"智"是否会妨害"仁"？樊迟心里含糊，弄不大通，故说"未达"。

“不仁者远，言人皆化而为仁，不见有不仁者，若其远去尔，所谓使枉者直也。”（朱熹：《四书章句集注》）“仁”与“智”的问题是好问题，但是考虑问题的格局要大一些，从国家、天下的角度来理解。首先分辨谁是好人，其次恰当地给他位置，使之能够造福苍生。首先是智，然后才能达到仁，如此而言，儒家是非常系统且用心深远。

名不正，则言不顺

【原文】

子路曰：“卫君待子而为政，子将奚先？”子曰：“必也正名乎！”子路曰：“有是哉，子之迂也！奚其正？”子曰：“野哉由也！君子于其所不知，盖阙【阙，同“缺”，存疑的意思】如也。名不正，则言不顺；言不顺，则事不成；事不成，则礼乐不兴；礼乐不兴，则刑罚不中【中，(zhòng)，得当】；刑罚不中，则民无所措手足。故君子名之必可言也，言之必可行也。君子于其言，无所苟【苟，苟且，马马虎虎】而已矣。”（《论语·卷七·子路第十三》）

【译】

子路（对孔子）说：“卫国国君要您去治理国家，您打算先从哪些事情做起呢？”孔子说：“首先必须正名分。”子路说：“有这样做的吗？您想得太不合时宜了。这名怎么正呢？”孔子说：“仲由，真粗野啊。君子对于他所不知道的事情，总是采取存疑的态度。名分不正，说起话来就不顺当合理。说话不顺当合理，事情就办不成。事情办不成，礼乐也就不能兴盛。礼乐不能兴盛，刑罚的执行就不会得当。刑罚不得当，百姓就不知怎么办好。所以，君子一定要定下一个名分，必须能够说得明白，说出来一定能够行得通。君子对于自己的言行，是从不马马虎虎对待的。”

【评】

卫君，卫出公，名辄，卫灵公之孙。其父蒯聩被卫灵公驱逐出国，卫灵公死后，蒯辄继位。蒯聩要回国争夺君位，遭到蒯辄拒绝。这里，孔子对此事提出了自己的看法。

孔子讲的是一整套道理，有他的逻辑。"名不正，则言不顺"，你没有名分的话，说出来的话就不能代表这个名分。譬如，我现在是老师，就不能讲校长的话，我当校长就不能讲县长的话，名分跟身份配合之后，说出来的话才有分量。名分不能确定的话，你怎么说话？同样一句话不一样的人说有不一样的效果，这是名正言顺的问题。只有"名正"才可以做到"言顺"，接下来的事情就迎刃而解了。

其身正，不令而行

【原文】

子曰："其身正，不令而行；其身不正，虽令不从。"

子曰："苟正其身矣，于从政乎何有？不能正其身，如正人何？"（《论语·卷七·子路第十三》）

【译】

孔子说："自身正了，即使不发布命令，老百姓也会去干；自身不正，即使发布命令，老百姓也不会服从。"

孔子说："真能端正自身的行为，从政做官有什么困难？不能端正自身的行为，又怎样使别人端正呢？"

【评】

从政者应当身为表率，方能令行禁止。否则，虽有法令，不能推行。

君正莫不正

【原文】

孟子曰："人不足与适【适，同"谪"，谴责，指责】也，政不足间【间(jiàn)，非议】也。惟大人为能格【格，纠正】君心之非。君仁莫不仁，君义莫不义，君正莫不正。一正君而国定矣。"（《孟子·卷七·离娄上（二十）》）

【译】

孟子说："那些在位的小人，不值得去指责，他们的政事不值得去非议。只有大仁大德的人才能纠正君主思想上的错误。君主仁，没有谁不仁；君主义，没有谁不义；君主正，没有谁不正。一旦使君主端正了，国家就安定了。"

【评】

程子曰："天下之治乱，系乎人君之仁与不仁耳。心之非，即害于政，不待乎发之于外也。昔者孟子三见齐王而不言事，门人疑之。孟子曰：'我先攻其邪心，心既正，而后天下之事可从而理也。'夫政事之失，用人之非，知者能更之，直者能谏之。然非心存焉，则事事而更之，后复有其事，将不胜其更矣；人人而去之，后复用其人，将不胜其去矣。是以辅相之职，必在乎格君心之非，然后无所不正；而欲格君心之非者，非有大人之德，则亦莫之能也。"（朱熹:《四书章句集注》）孟子的这一思想受到后儒的极大重视，乃至成为儒家治世的"大根本"。

大人者，正己而物正者

【原文】

孟子曰："有事君人者，事是君则为容悦者也。有安社稷臣者，以安社稷为悦者也。有天民者，达可行于天下而后行之者也。有大人者，正己而物正者也。"（《孟子·卷十三·尽心上（十九）》）

【译】

孟子说："有侍奉君主个人的人，侍奉这个君主就是为了他愉悦；有安定社稷的大臣，那是以安定国家为愉悦的人；天民（为仕），是懂得道（仁义）能推行，然后才践行；有圣人，是端正自己才去端正外物的人。"

【评】

孟夫子把事君之人分为四等：阿谀逢迎之臣；安定社稷之臣；全尽天理之臣；圣人在位之臣。四种人品，位阶由低而高，他们的快乐也由外而内。

身正而天下归之

【原文】

孟子曰："爱人不亲反其仁，治人不治反其智，礼人不答反其敬。行有不得者，皆反求诸己，其身正而天下归之。诗云：'永言配命，自求多福。'"（《孟子·卷七·离娄上（四）》）

【译】

孟子说："爱别人却得不到别人的亲近，那就应反问自己的仁爱是否不够；管理别人却不能够管理好，那就应反问自己的管理才智是否有问题；礼貌待人却得不到别人相应的礼貌，那就应反问自己的礼貌是否到家——凡是行为得不到预期的效果，都应该反过来检查自己，自身行为端正了，天下的人自然就会归服。《诗经》说：'长久地与天命相配合，自己寻求更多的幸福。'"

【评】

孟子认为：从个人品质说，应严以律己，宽以待人，凡事多作自我批评。

失其身而能事其亲者，吾未之闻也

【原文】

孟子曰："事孰为大？事亲为大；守孰为大？守身为大。不失其身而能事其亲者，吾闻之矣；失其身而能事其亲者，吾未之闻也。"（《孟子·卷七·离娄上（十九）》）

【译】

孟子说："侍奉谁最重要？侍奉父母最重要。守护什么最重要？守护自己的道德底线最重要。自己的品质节操无所失而又能侍奉父母的，我听说过；自己品质节操已陷于不义了，却能侍奉父母的，我就没听说过。"

【评】

生命得自于父母，侍奉父母自然最重要了。至于守身，则是做人处世的原则，需要一生念兹在兹，才能达到目标。如果不能守护自己的节操，又怎能守护别人？或者如果守护的是财富、权力、名声、地位，则最后难免有如镜花水月。

不由其道而往者，与钻穴隙之类也

【原文】

曰："晋国亦仕国也，未尝闻仕如此其急。仕如此其急也，君子之难仕，何也？"

曰："丈夫生而愿为之有室，女子生而愿为之有家。父母之心，人皆有之。不待父母之命、媒妁之言，钻穴隙相窥，踰墙相从，则父母国人皆贱之。古之人未尝不欲仕也，又恶不由其道。不由其道而往者，与钻穴隙之类也。"（《孟子·卷六·滕文公下（三）》）

【译】

（周霄）说："我们魏国也是有官可做的国家，却不曾听说找官位是这么急切的。找官位这么急切，君子却不轻易做官，为什么呢？"

孟子说："男孩子一生下来，父母便希望给他找一个好的妻室，女孩子一生下来，父母便希望给她找一个好的婆家。父母这样的心情，人人都有。但是，如果不等父母的安排，媒人的介绍，就自己钻洞扒缝互相偷看，甚至翻墙过壁去私会，那就要受到父母和社会上其他的人鄙视。古代人不是不想做官，只不过厌恶不经过正当的途径去做官。不经过正当的途径去做官，与男女之间钻洞扒缝的行为是一样的"。

【评】

孟子以男女苟合偷情为喻，遣责那些不由其道，不择手段去争取做官的人。

君子之所养可知已矣

【原文】

曾子曰："胁肩【胁肩，耸动着肩膀】谄笑，病于夏畦【比在夏天的田地中劳作更令人受伤害】。"子路曰："未同而言，观其色赧赧【赧(nǎn)，表情难堪的样子】然，非由之所知也。"由是观之，则君子之所养可知已矣。(《孟子·卷六·滕文公下（七）》)

【译】

曾子说："常常耸动肩膀说话，常常带有谄媚的笑容，比夏天在田间种地对人的伤害还严重。"子路说："心意不同却要说话，看着对方的脸色，表情很难堪，这不是我仲由所知道的做法。"由此看来，那么，君子应该修养什么，就可以知道了。

【评】

君子养正气，不以入邪。

枉己者，未有能直人者也

【原文】

陈代曰："不见诸侯，宜若小然；今一见之，大则以王，小则以霸。且志曰：'枉尺而直寻'，宜若可为也。"

孟子曰："昔齐景公田，招虞人【虞人，赵注云："守苑囿之吏也。"即管理狩猎场的官员】以旌【旌，用牦牛尾和彩色鸟羽作竿饰的旗】，不至，将杀之。志士不忘在沟壑，勇士不忘丧其元【元，头颅】。孔子奚取焉？取非其招不往也，如不待其招而往，何哉？且夫枉尺而直寻【寻，古代的长度单位，等于八尺】者，以利言也。如以利，则枉寻直尺而利，亦可为与？昔者赵简子使王良与嬖奚乘，终日而不获一禽。嬖奚反命曰：'天下之贱工也。'或以告王良。良曰：'请复之。'强而后可，一朝而获十禽。嬖奚反命曰：'天下之良工也。'简子曰：'我使掌与女乘。'谓王良。良不可，曰：‘吾为之范我驰驱，终日不获一；为之诡遇，一朝而获十。诗云：‘不失其驰，舍矢如破。’我不贯与小人乘，请辞。

御者且羞与射者比。比而得禽兽，虽若丘陵，弗为也。如枉道而从彼，何也？且子过矣，枉己者，未有能直人者也。”（《孟子·卷六·滕文公下（一）》）

【译】

陈代说：“不愿谒见诸侯，似乎是心地太狭小了。现在假如一去见他们，弄得好可以帮助其统一天下，即使弄得不怎么好，也可以帮其称霸于世。古代《志》书中记载说：‘受委屈不过一尺，而得伸直的却是八尺。’这事似乎值得一做。”

孟子说：“过去齐景公田猎，用旌旗传唤管理山林的虞人，虞人不去，景公准备杀他。‘志士不怕弃尸山沟，勇士不怕丧失头颅’，孔子赞赏什么呢？是赞赏虞人对不符合礼仪的传唤不应承。要是不待传唤而去应承，那算什么呢？所谓‘屈曲一尺而伸直八尺’，是从利上来说的。要说利，如果屈曲八尺而伸直一尺有利，也能做吗？过去赵简子派王良替他宠臣奚驾车去打猎，一整天捕不到一只鸟。奚向赵简子汇报说：‘王良是天下最拙劣的车手。’有人把这话告诉了王良，王良说：‘请让我们再去一次。’奚被勉强之后才同意，结果一个早上就捕到了十只鸟。奚向赵简子汇报说：‘王良是天下最优秀的车手。’赵简子说：‘我派他专门为你驾车。’便告诉了王良。王良不同意，说：‘我替他按规范驾车，一整天捕不到一只；不按照规范驾车，一个早上就捕到了十只。’《诗》说：‘不失规范地奔驰，一箭发出就射中。’我不习惯替小人驾车；请不要任命。车手尚且羞于与奚这样的射手合作，即便合作所得的鸟兽多得像山丘一样，也不肯干。要是损害了原则去阿附诸侯，那算什么呢？而且你错了，自己不行正道的人，未曾有过能匡正他人的。”

【评】

古代召唤有一定的规矩：以“旌”召唤大夫，以“弓”召唤士，以“皮冠”召唤虞人。赵简子，即赵鞅，亦称赵孟。春秋末年晋国的卿，曾击败范氏、中行氏，大大扩张了自己的封地，为后来分晋建立赵国打下了基础。王良，即

《左传·哀公二年》所载的邮无恤，春秋末年著名的御手。嬖奚，宠幸之人。

孟子坚守原则，绝不见利忘义。枉己之后能否直人，尚未可知，但先已枉己，失去立场，往后也只能计较厉害了。毫厘之失，足以造成千里之谬。

以顺为正者，妾妇之道也

【原文】

景春曰："公孙衍、张仪岂不诚大丈夫哉？一怒而诸侯惧，安居而天下熄。"

孟子曰："是焉得为大丈夫乎？子未学礼乎？丈夫之冠也，父命之；女子之嫁也，母命之，往送之门，戒之曰：'往之女家，必敬必戒，无违夫子！'以顺为正者，妾妇之道也。居天下之广居，立天下之正位，行天下之大道。得志与民由之，不得志独行其道。富贵不能淫，贫贱不能移，威武不能屈，此之谓大丈夫。"（《孟子·卷六·滕文公下（二）》）

【译】

景春说："公孙衍、张仪难道不是大丈夫吗？一发怒，诸侯就害怕；安居无事，天下就没有冲突。"

孟子说："这怎能算是大丈夫呢？你没有学礼吗？男子行冠礼时，父亲训导他；女子出嫁时，母亲训导她，亲自送她到门口，告诫她说：'到了你家，一定要恭敬，一定要警惕，不要违背丈夫！'把顺从当作正确，这是妇女的原则。同住在天下最广大的居所里，站立在天下最正大的位置上，行走在天下最宽阔的大道上，能实现志向就与民众一起去实现，不能实现志向就独自固守自己的原则，不受富贵诱惑，不为贫贱动摇，不为武力屈服，这才叫大丈夫。"

【评】

"以顺为正"，所做的是投机取巧，毫无原则，只求个人利益，实在不配称为"大丈夫"。

这个"大"字，不由权力、地位、财富、名望来决定，而是由志向、操守、修养来决定，因而也是人人可以做到的。

朱熹认为："广居，仁也；正位，礼也；大道，义也。"能行仁，必得人心向往，无处不可居；能守礼，进退从容有节，无处不可立；能行义，浩然之气充满，处处是大道。无论得志与否，皆不背离这些原则。富贵不能淫、贫贱不能移、威武不能屈，是大丈夫的试金石。人的价值，起于主体的道德自觉，中间经过层层考虑，目标则是兼善天下。

【古史今鉴】

三家分晋

司马光

初，智宣子将以瑶为后，智果曰："不如宵也。瑶之贤于人者五，其不逮者一也。美鬓长大则贤，射御足力则贤，伎艺毕给则贤，巧文辩惠则贤，强毅果敢则贤；如是而甚不仁。夫以其五贤陵人而以不仁之，其谁能待之？若果立瑶也，智宗必灭。"弗听。智果别族于太史，为辅氏。

赵简子之子，长曰伯鲁，幼曰无恤。将置后，不知所立，乃书训戒之辞于二简，以授二子曰："谨识之！"三年而问之，伯鲁不能举其辞；求其简，已失之矣。问无恤，诵其辞甚习；求其简，出诸袖中而奏之。于是简子以无恤为贤，立以为后。

……

臣光曰：智伯之亡也，才胜德也。夫才与德异，而世俗莫之能辨，通谓之贤，此其所以失人也。夫聪察强毅之谓才，正直中和之谓德。才者，德之资也；德者，才之帅也。云梦之竹，天下之劲也，然而不矫揉，不羽括，则不能以入坚；棠溪之金，天下之利也，然而不熔范，不砥砺，则不能以击强。是故才德全尽谓之圣人，才德兼亡谓之愚人，德胜才谓之君子，才胜德谓之小人。凡取人之术，苟不得圣人、君子而与之，与其得小人，不若得愚人。何则？君子挟才以为善，小人挟才以为恶。挟才以为善者，善无不至矣；挟才以为恶者，恶亦无不至矣。愚者虽欲为不善，智不能周，力不能胜，譬之乳狗搏人，人得而制之。小人智足以遂其奸，勇足以决其暴，是虎而翼者也，其为害岂不多哉！夫德者人之所严，而才者人之所爱。爱者易亲，严者易疏，是以察者多蔽于才而遗于德。自古昔以来，国之乱臣，家之败子，才有余而德不足，以至于颠覆者多矣，岂特智伯哉！故为国为家者，苟能审于才德之分而知所先后，又何失人之足患哉！（《资治通鉴》）

第六章　正命

人之生也直

【原文】

子曰："人之生也直，罔之生也幸而免"（《论语·卷三·雍也第六》）

【译】

孔子说："一个人的生存是由于正直，而不正直的人也能生存，那只是他侥幸地避免了灾祸。"

【评】

程子曰："生理本直。""直"，就是由内到外直接出去，代表真诚而正直。同虚伪、奸诈是对立的。孔子认为，一个人活在世间，一生都应该真诚，你真诚之后才能够与别人建立适当的关系，"罔"代表没有真诚，没有真诚而能活下去的话，那是侥幸得免，因为侥幸而免于灾祸。

【延伸阅读】

尽其道而死者，正命也

【原文】

孟子曰："莫非命也，顺受其正。是故知命者，不立乎岩墙【岩墙，就要倾塌的墙】之下。尽其道而死者，正命也。桎梏死者，非正命也。"（《孟子·卷十三·尽

心上（二）》）

【译】

孟子说："一切都是命运，顺应它就承受正常的命运。所以知道命运的人不站在快要倾倒的墙下。完全按正道行事而死的人，所承受的是正常的命运；犯罪受刑而死的人，所承受的就是非正常的命运。"

【评】

"顺受其正"，面对命运，只能顺从情理的发展。所谓正，显然是指天对人性的要求，可以配合"使命""天命"。

暴虎冯河，死而无悔者，吾不与也

【原文】

子谓颜渊曰："用之则行，舍之则藏，唯我与尔有是夫！"子路曰："子行三军【三军，万二千五百人为军，大国三军】，则谁与？"子曰："暴虎【暴虎，徒搏，赤手空拳与老虎搏斗】冯河【冯（píng）河，冯，通"凭"，徒涉，不用船只徒步过河】，死而无悔者，吾不与也。必也临事而惧，好谋而成者也。"（《论语·卷四·述而第七》）

【译】

孔子对颜渊说："用我的主张就把它实行起来；不用，就退隐深藏起来，恐怕只有我和你能这样了！"子路问："先生如果率领军队作战，你会找谁共事？"孔子说："赤手搏虎，徒步过河，死也不后悔，我不会和他共事的。（我要共事的人）必须是遇事格外谨慎小心，善于谋划而后再做决定的人。"

【评】

子路见孔子独美颜渊，自负其勇，猜测夫子若统帅军队，必与己同。结果老师，因材施教，说出了"暴虎冯河"四个字，来形容非常剽悍、什么都不怕、只知道勇往直前的人，而这么勇猛的人，最后稀里糊涂死了，是不值得的。因为人生多么值得珍惜，还有好多理想没有实现。“临事而惧，好谋而成”可以作为很好的座右铭。惧，谓敬其事；成，谓成其谋。

富而可求也，虽执鞭之士，吾亦为之

【原文】

子曰：“富而可求也，虽执鞭【执鞭，贱者之事。古代为天子、诸侯和官员出入时手执皮鞭开路的人，意思指地位低下的职事】之士，吾亦为之。如不可求，从吾所好。”（《论语·卷四·述而第七》）

【译】

孔子说：“如果富贵合乎道就可以去追求，虽然是给人执鞭的下等差事，我也愿意去做。如果富贵不合乎道就不能去追求，那就还是按我的爱好去干事。”

【评】

设言富若可求，则虽身为贱役以求之，亦所不辞。（朱熹：《四书章句集注》）可见，孔子不反对富贵，金钱可以行善，行善也需要能力和财力，只要手段正当，所谓“富与贵是人之所欲也，不以其道得之，不处也”。但是如果不能用正当手段赚到钱的话，怎么办？“从吾所好”，做自己喜欢的事情，自己能做的事情，自己应该做的事情。

杨氏曰：“君子非恶富贵而不求，以其在天，无可求之道也。”“然有命焉，非求之可得也，则安于义理而已矣，何必徒取辱哉？”（朱熹：《四书章句集注》）天有“天赋”和“天命”之意。

【诗歌欣赏】

沁园春·孤馆灯青
赴密州，早行，马上寄子由

苏　轼

【背景】

这首词是苏轼（1037—1101 年）于熙宁七年（1074 年）七月由杭州移守密州的早行途中寄给其弟苏辙（1039—1112 年，字子由）的作品。

孤馆灯青，野店鸡号，旅枕梦残。渐月华收练，晨霜耿耿；云山摛锦【摛锦（chījǐn），铺陈锦绣】，朝露漙漙【漙漙（tuántuán），露多貌。一说为露珠圆貌】。世路无穷，劳生有限，似此区区长鲜欢。微吟罢，凭征鞍无语，往事千端。

当时共客长安，似二陆【二陆，指陆机（261-303 年）和陆云（262-303 年）】初来俱少年。有笔头千字，胸中万卷；致君尧舜，此事何难。用舍由时，行藏在我，袖手何妨闲处看。身长健，但优游卒岁，且斗尊前。

【评】

诗歌表达了作者旷达而不消沉，不平依旧顽强，乐观洒脱，随缘自适，百折不挠的精神。

【故事链接】

儒商鼻祖：范蠡

范蠡（前 536—前 448 年）事越王勾践，既苦身戮力，与勾践深谋二十余年，竟灭吴，报会稽之耻。北渡兵于淮以临齐、晋，号令中国，以尊周室。勾践以霸，而范蠡称上将军。

还反国，范蠡以为大名之下，难以久居，且勾践为人，可与同患，难与处安，为书辞勾践曰："臣闻主忧臣劳，主辱臣死。昔者君王辱于会稽，所以不死，为此事也。今既以雪耻，臣请从会稽之诛。"

勾践曰："孤将与子分国而有之，不然，将加诛于子。"范蠡曰："君行令，臣行意。"乃装其轻宝珠玉，自与其私徒属乘舟浮海以行，终不反。

范蠡浮海出齐，变姓名，耕于海畔，父子治安。居无几何，置产数十万。齐人闻其贤，以为相。范蠡喟然叹曰："居家只致千金，居官则至卿相，布衣之极也。久受尊名，不祥。"乃归相印，尽散其财，以分与知友乡党，间行以去，止于陶，自谓陶朱公。（司马迁《史记·越王勾践世家》）

【译】

范蠡侍奉越王勾践，辛苦惨淡、勤奋不懈，与勾践运筹谋划二十多年，终于灭亡了吴国，洗雪了会稽的耻辱。越军向北进军淮河，兵临齐、晋边境，号令中原各国，尊崇周室，勾践称霸，范蠡做了上将军。

回国后，范蠡以为盛名之下，难以长久，况且勾践的为人，可与之同患难，难与之同安乐，写信辞别勾践说："我听说，君王忧愁臣子就劳苦，君主受辱臣子就该死。过去您在会稽受辱，我之所以未死，是为了报仇雪恨。当今既已雪耻，臣请求您给予我君主在会稽受辱的死罪。"

勾践说："我将和你平分越国。否则，就要加罪于你。"范蠡说："君主可执行您的命令，臣子仍依从自己的意趣。"于是他打点包装了细软珠宝，与随从从海上乘船离去，始终未再返回越国。

范蠡乘船飘海到了齐国，更名改姓，在海边耕作，吃苦耐劳，努力生产，父子合力治理产业。住了不久，积累财产达几十万。齐人听说他贤能，让他做了国相。范蠡叹息道："住在家里就积累千金财产，做官就达到卿相高位，这是平民百姓能达到的最高地位了。长久享受尊贵的名号，不吉祥。"于是归还了相印，全部发散了自己的家产，送给知音好友同乡邻里，携带着贵重财宝，秘密离去，到陶地住下来，自称陶朱公。

富可敌国：石崇

石崇（249—300年）与王恺争豪，并穷绮丽以饰舆服。武帝，恺之甥也，每助恺。尝以一珊瑚树高二尺许赐恺，枝柯扶疏，世罕其比。恺以示崇，崇视讫，以铁如意击之，应手而碎。恺既惋惜，又以为疾己之宝，声色甚厉。

崇曰："不足恨，今还卿。"乃命左右悉取珊瑚树，有三尺四尺，条干绝世，光彩溢目者六七枚，如恺许比甚众。恺茫然自失。（《世说新语·汰侈》）

【译】

石崇和王恺比阔斗富，两人都用尽最鲜艳华丽的东西来装饰车马、服装。晋武帝是王恺的外甥，常常帮助王恺。他曾经把一棵二尺来高的珊瑚树送给王恺，这棵珊瑚树枝条繁茂，世上很少有和它相当的。王恺把珊瑚树拿来给石崇看，石崇看后，拿铁如意敲它，马上就打碎了。王恺既惋惜，又认为石崇是妒忌自己的宝物，说话时声音和脸色都非常严厉。

石崇说："不值得发怒，现在就赔给你。"于是就叫手下的人把家里的珊瑚树全都拿出来，三尺、四尺高的，树干、枝条举世无双，光彩夺目的有六七棵，像王恺那样的就更多了。王恺看了，自感失落。

崇有妓曰绿珠，美而艳，善吹笛，孙秀使人求之。崇时在金谷别馆，方登凉台，临清流，妇人侍侧，使者以告。崇尽出其婢妾数十人以示之，皆蕴兰麝，被罗縠，曰："在所择。"使者曰："君侯服御丽则丽矣，然本受命指索绿珠，不识孰是？"崇勃然曰："绿珠吾所爱，不可得也。"使者曰："君侯博古通今，察远照迩，愿加三思。"……崇竟不许。秀怒，乃劝伦诛崇。……崇正宴于楼上，介士到门。崇谓绿珠曰："我今为尔得罪。"绿珠泣曰："当效死于官前。"因自投于楼下而死。崇曰："吾不过流徙交、广耳。"及车载诣东市，崇乃叹曰："奴辈利吾家财。"收者答曰："知财致害，何不早散之？"崇不能答。崇母兄妻子无少长皆被害，死者十五人，崇时年五十二。（《晋书·卷三十三·石崇传》）

【译】

石崇有宠妓名绿珠，美而艳，擅长吹笛。大将军孙秀差人来要索取美人。那时石崇正在金谷园登凉台、临清水，与群妾饮宴，使者来告。石崇将其婢妾数十人叫出让使者挑选，这些婢妾都散发着兰麝的香气，穿着绚丽的锦绣，石崇说："随便选。"使者说："这些婢妾个个都艳绝无双，但小人受命索取绿珠，不知道哪一个是？"石崇勃然大怒："绿珠是我所爱，那是做不到的。"使者说："君侯博古通今，还请三思。"石崇坚持不给。使者回报后孙秀大怒，劝赵王伦诛石崇。赵王伦于是派兵杀石崇，石崇正在楼上饮宴。石崇对绿珠叹息说："我现在因为你而获罪。"绿珠流泪说："愿效死于君前。"于是坠楼而死。石崇说："我不过流徙交、广罢了。"等到囚车载到东市，石崇叹息说："这些人，还不是为了贪我的钱财！"押他的人说："你既知道人为财死，为什么不早些把家财散了，做点好事？"石崇不能回答。石崇母亲兄长、妻子家人不论少长皆被害，死者有十五人，当时石崇只有五十二岁。

第二篇　诚篇

【诚】

信也。(《说文》)

敬也。(《广雅》)

纯也，无伪也，真实也。(《增韵》)

著诚去伪，礼之经也。(《礼·乐记》)

诚者，天之道也。诚之者，人之道也。(《中庸》)

闲邪存其诚。(《易·乾卦》)

鬼神无常享，享于克诚。(《书·太甲》)

【注】

诚，从言，从成。《说文》，“成”有“完成”“完全”之意。“言”与“成”联合起来表示“百分之百的讲话”。诚者，说话“诚”，叫做“信”；做事“诚”，叫做“敬”；内心“诚”，称作“纯、自然、无伪”。

《中庸》核心论“诚”。《中庸》说：“诚者，天之道也；诚之者，人之道也。”认为“诚”是天的根本属性，努力求诚以达到合乎诚的境界则是为人之道。又说：“诚者，物之终始，不诚无物。”认为一切事物的存在皆依赖于“诚”。又认为“诚”这一精神实体起着化生万物的作用：“诚者，自成也，而道自道也。”

亚圣孟子也说：“是故，诚者，天之道也；思诚者，人之道也。”(《孟子·卷七·离娄上》)；又说：“反身而诚，乐莫大焉。”(《孟子·卷十三·尽心上》)，认为反省自己以达到诚的境界，就是最大的快乐。

后代儒者把“诚”抬得更高。北宋周敦颐以之为至高无上的宇宙本体：“诚者，圣人之本。大哉乾元，万物资始，诚之源也。”他认为，“诚”源于乾元，为一切道德的基础，是“五常之本，百行之源”。

如何修诚？闲邪存其诚。善、恶不两立。《大学》引申《中庸》关于“诚”的学说，以“诚意”为治国、齐家、修身、正心的根本。荀子虽“不求知天”，但也把“诚”看作是进行道德修养的方法和境界。他说：“君子养心莫善于诚，致诚则无它事矣，唯仁之为守，唯义之为行。”（《荀子·不苟》）

“诚”，是儒家为人之道的中心思想，我们立身处世，当以诚信为本。因为“唯天下之至诚为能化”，诚能化解一切，“唯天下之至诚为能经纶天下”，诚能经纶天下，“诚者非自成己而已，所以成物也”，成己成物，是人生的价值和意义。

第一章　诚者，信也

诚则信矣，信则诚矣

【延伸阅读】

推之以诚，则不言而信

人而无信，不知其可

夫妇有恩矣，不诚则离

与朋友交，言而有信

民无信不立

信而又信，重袭于身，乃通于天

反身而诚，乐莫大焉

【故事链接】

齐桓公伐鲁

秦饥乞籴于晋

【古文欣赏】

朋党论（欧阳修）

第二章　诚者，敬也

凡人所以立身行正，应事接物，莫大乎诚敬

【延伸阅读】

一诚足以消万伪

君子敬以直内，义以方外

第三章　著诚去伪，礼之经也

著诚去伪，礼之经也

【延伸阅读】

知和而和，不以礼节之，亦不可行也

吾不与祭，如不祭

恭敬者，币之未将者也

【故事链接】

乐羊以有功而见疑，秦西巴以有罪而益信

享多仪，仪不及物曰不享

第四章　诚者，天之道也；诚之者，人之道也

诚者，天之道也；诚之者，人之道也

【延伸阅读】

唯天下至诚，为能尽其性

自诚明，谓之性；自明诚，谓之教

不明乎善，不诚乎身矣

闲邪存其诚，修辞立其诚

诚其意

君子养心莫善于诚

诚于中，形于外

【故事链接】

梁楚之欢

第五章　鬼神无常享，享于克诚

鬼神无常享，享于克诚

【延伸阅读】

诚者物之终始

至诚无息

唯天下至诚为能化

至诚如神

不诚无物

唯天下至诚，为能经纶天下之大经

诚者非自成己而已也，所以成物

【古文欣赏】

复贺耦耕中丞（曾国藩）

第一章　诚者，信也

诚则信矣，信则诚矣

【原文】

学贵信，信在诚。诚则信矣，信则诚矣。不信不立，不诚不行。（程颐:《河南程氏遗书》卷二十五）

【译】

诚实就会有信誉，讲信誉就是诚实，可见“诚”与“信”是相通的。不守信用就不能立身，不讲诚实就到处碰壁。

【评】

诚，繁体写作“誠”,《说文解字》注为：从“言”，从“成”，“成”亦声。“成”意为“百分之百”“完全”。“言”与“成”联合起来表示“百分之百的讲话”“不打折扣的言语”。本义：实打实地说话。

信，“人言为信”（《说文解字》），程颐认为：“以实之谓信。”可见，“信”不仅要求人们说话诚实可靠，切忌大话、空话、假话，而且要求做事也要诚实可靠。而“信”的基本内涵也是信守诺言、言行一致、诚实不欺。

诚信，乃立身之根，失去了这个根本，则人将不人。一个人，要堂堂正正做人，必须诚实守信。诚实，就是忠诚老实，言行一致，表里如一，不虚伪，不欺诈，光明磊落，实事求是；守信，就是恪守信约，一诺千金，说到做到，绝不食言。为政者守信，政令才能畅通；为商者守信，生意才会兴隆；为工者守信，产品才会精巧；为农者守信，生产才能发展；为师者守信，教育才有威望；朋友之间守信，友谊才会长久。所以诚信既是社会公德对人们处事待人的基本要求，也是每个社会成员应当遵循的道德标准，又是社会向健康文明发展的推动力。

【延伸阅读】

推之以诚，则不言而信

【原文】

子曰："言而信，未若不言而信；行而谨，未若不行而谨。"贾琼曰："如何。"子曰："推之以诚，则不言而信；镇之以静，则不行而谨。唯有道者能之。"（王通：《中说·周公》）

【译】

先生说："言而有信，不如不言而有信；行为谨慎，不如不行而谨慎。"贾琼说："如何做到这一点？"先生说："以诚相待，则不言而有信；临事镇静，则不行而谨慎。只有有道之人可以做到这一点。"

【评】

推之以诚，则不言而信，正所谓诚于中而形于外之效。

人而无信，不知其可

【原文】

子曰："人而无信，不知其可也。大车无輗，小车无軏，其何以行之哉？"（《论语·卷一·为政第二》）

【译】

孔子说："作为一个人，却不讲信用，不知那怎么可以。譬如大车子没有安横木的輗，小车子没有安横木的軏，如何能走呢？"

【评】

大车，谓平地任载之车。小车，谓田车、兵车、乘车。輗，辕端横木，缚轭以驾牛者。軏，辕端上曲，钩衡以驾马者。车无此二者，则不可以行，人而无信，亦犹是也。（朱熹：《四书章句集注》）人若不讲信用，在社会上就无立足之地，什么事情也做不成。

夫妇有恩矣，不诚则离

【原文】

君子之养其心，莫善于诚。夫诚，君子所以怀万物也。天不言而人推高焉，地不言而人推厚焉，四时不言而人期焉，此以至诚者也。诚者，天地之大定，而君子之所守也。天地有纪矣，不诚则不能化育；君臣有义矣，不诚则不能相临；父子有礼矣，不诚则疏；夫妇有恩矣，不诚则离；交接有分矣，不诚则绝。（魏徵：《群书治要》卷四十八《体论治要》）

【译】

君子保养身心没有比真诚更好的了，做到真诚，君子才能包纳万物。上天不说话而人们都推崇它高远，大地不说话而人们都推崇它深厚，四季不说话而百姓都知道春、夏、秋、冬变换的时期，这就是至诚之效。只有真诚，天地才能安定，这就是君子所持守的。天地有纲纪，不真诚就不能化育万物；君臣有义理，不真诚就不能君临；父子之间有常礼，不真诚就疏离；夫妻之间有情义，不真诚，则离情；朋友之间交往有原则，不真诚则易断交。

【评】

只要夫妻、父子和兄弟之间以诚相待，诚实守信，就能和睦相处，达到“家和万事兴”的境界。如果家人彼此缺乏诚信、互不信任，家庭便会闹不团结，何谈家庭和睦，阖家幸福！

与朋友交，言而有信

【原文】

子夏曰："贤贤易色；事父母能竭其力；事君，能致其身；与朋友交，言而有信。虽曰未学，吾必谓之学矣。"（《论语·学而》）

【译】

子夏说："对妻子要重品德，不重容貌；侍奉父母，能尽心竭力；服侍君上，能豁出生命全力以赴；同朋友交往，说话诚实守信。这种人，虽自谦说没有读过什么书，我也肯定要说他已经很有学问了。"

【评】

朋友是建立在诚信基础上的。否则，朋友之间充满虚伪、欺骗，就绝不会有真正的朋友。

民无信不立

【原文】

子贡问政。子曰："足食，足兵，民信之矣。"子贡曰："必不得已而去，于斯三者何先？"曰："去兵。"子贡曰："必不得已而去。于斯二者何先？"曰："去食。自古皆有死，民无信不立。"（《论语·卷十·颜渊第二十》）

【译】

子贡请教孔子如何按照正理来立国，孔子说："使粮食充足，使军备充足，使百姓信赖政府。"子贡再问："如果迫不得已要放弃一项，先放弃这三项中的哪一项？"孔子说："放弃军备。"子贡又问："如果迫不得已先放弃剩下的两项中的哪一项？"孔子说："放弃粮食。自古以来人难免一死，但是百姓若不信赖政府就不能立国。"

【评】

足食是必要的。民以食为天，一个国家没有食物的话，怎么生存呢？军备是需要的，国家如果没有足够的武力保卫自己，早就被灭亡了。百姓信赖政府更是重要的。如果迫不得已去掉一项？去哪项？孔子在“足食”“足兵”“民信”三者中，宁肯“去兵”“去食”，也要坚持保留“民信”。因为孔子认为“民无信不立”，如果人民不信任统治者，国家朝政根本立不住脚。因此，统治者必须“取信于民”，正如王安石所言：“自古驱民在信诚，一言为重百金轻”。

信而又信，重袭于身，乃通于天

【原文】

凡人主必信。信而又信，谁人不亲？故《周书》曰：“允哉！允哉！”以言不信则百事不满也。故信之为功大矣。信立则虚言可以赏矣。虚言可以赏，则六合之内皆为己府矣。信之所及，尽制之矣。制之而不用，人之有也；制之而用之，己之有也。己有之，则天地之物毕为用矣。……

君臣不信，则百姓诽谤，社稷不宁。处官不信，则少不畏长，贵贱相轻。赏罚不信，则民易犯法，不可使令。交友不信，则离散郁怨，不能相亲。百工不信，则器械苦伪，丹漆染色不贞。夫可与为始，可与为终，可与尊通，可与卑穷者，其唯信乎！信而又信，重袭于身，乃通于天。以此治人，则膏雨甘露降矣，寒暑四时当矣。（《吕氏春秋·离俗览·贵信》）

【译】

凡是君主一定要诚信。诚信了再诚信，谁能不亲附呢？所以《周书》上说：“诚信啊！诚信啊！”这是说如果不诚信，那么所有事情都不能成功。因此诚信所产生的功效太大了。诚信树立了，那么虚假的话就可以鉴别了。虚假的话可以鉴别，那么天地四方就都成为自己的了。诚信所达到的地方，就都能够控制了。能够控制却不加以利用，仍然会为他人所有；能够控制而又加以利用，才会为自己所有。为自己所有，那么天地间的事物就全都为自己所用了。……

君臣不诚信，那么百姓就会批评指责，国家就不会安宁。做官不诚信，那么年轻的就不敬畏年长的，地位尊贵的和地位低下的就相互轻视。赏罚不诚信，那么百姓就容易犯法，不可以役使。结交朋友不诚信，那么就会离散怨恨，不能相互亲近。各种工匠不诚信，那么制造器物就会粗劣作假，丹、漆等颜料就不纯正。可以跟它一同开始，一起终止，一同尊贵显达，一同卑微穷困的，大概只有诚信吧！诚信了再诚信，（诚信）重叠在人身上，人就会与天意相通。靠这来治理人，那么滋润大地的及时雨和甜美的露水就会降下来，寒暑四季就会得当了。

反身而诚，乐莫大焉

【原文】

孟子曰："万物皆备于我矣。反身而诚，乐莫大焉。"（《孟子·卷十三·尽心章句上（四）》）

【译】

孟子说："一切在我身上都齐备了，反省自己完全做到了真诚，就没有比这更大的快乐了。"

【评】

"诚"是我心不受遮蔽和扭曲，可以内外如一，做个真实的人。这种快乐由内而发，源源不绝，确实无可比拟。

只有做到真诚无伪，才可使内心无愧，坦然宁静，给人精神上带来最大的快乐。

【故事链接1】

齐桓公伐鲁

齐桓公伐鲁。鲁人不敢轻战，去国五十里而封之。鲁请比关内侯以听，桓公许之。曹翙谓鲁庄公曰："君宁死而又死乎，其宁生而又生乎？"庄公曰："何谓也？"曹翙曰："听臣之言，国必广大，身必安乐，是生而又生也；不听臣之言，国必灭亡，身必危辱，是死而又死也。"庄公曰："请从。"于是明日将盟，庄公与曹翙皆怀剑至于坛上。庄公左搏桓公，右抽剑以自承，曰："鲁国去境数百里。今去境五十里，亦无生矣。钧其死也，戮于君前。"管仲、鲍叔进，曹翙按剑当两陛之间曰："且二君将改图，毋或进者！"庄公曰："封于汶则可，不则请死。"管仲曰："以地卫君，非以君卫地。君其许之！"乃遂封于汶南，与之盟。归而欲勿予，管仲曰："不可。人特劫君而不盟，君不知，不可谓智；临难而不能勿听，不可谓勇；许之而不予，不可谓信。不知不勇不信，有此三者，不可以立功名。予之，虽亡地，亦得信。以四百里之地见信于天下，君犹得也。"庄公，仇也；曹翙，贼也。信于仇贼，又况于非仇贼者乎？夫九合之而合，壹匡之而听，从此生矣。管仲可谓能因物矣。以辱为荣，以穷为通，虽失乎前，可谓后得之矣。物固不可不会全也。(《吕氏春秋·离俗览·贵信》)

【译】

齐桓公攻打鲁国。鲁国人不敢轻率作战，离鲁国都城五十里封土为界。鲁国请求像齐国的封邑大臣一样服从齐国，桓公答应了。曹翙对鲁庄公说；"您是愿意死而又死呢，还是愿意生而又生？"庄公说："你说的是什么意思呢？"曹翙说："您听从我的话，国土必定广大，您自身必定安乐，这就是生而又生；您不听从我的话，国家必定灭亡，您自身必定遭到危险耻辱，这就是死而又死。"庄公说："我愿意听从你的话。"于是第二天将要盟会时，庄公与曹翙都怀揣着剑到了盟会的土坛上。庄公左手抓住桓公，右手抽出剑来指向自己，说："鲁国都城本来离边境几百里，如今离边境只有五十里，反正也无法生存了。削减领土不能生存与跟你拼命同样是死，让我死在您面前。"管仲、鲍叔要上去，曹翙手按着剑站在两阶之上说："两位君主将另作商量，谁都不许上去！"庄公说："在汶水封土为界就可以，不然的话就请求一死。"管仲对桓公说："是用领土保卫君主，不是用君主保卫领土。您还是答应了吧！"于是终于在汶水之南封土为界，跟鲁国订立了盟约。桓公回国以后想不还给鲁国土地，管仲说："不可以。人家只是要劫持您，并不想跟您订立盟约，可是您却不知道，这不能说是聪明；面对危难却不能不受人家胁迫，这不能说是勇敢；答应了人家却不还给人家土地，这不能算作诚信。不聪明、不勇敢、不诚信，有这三种行为的，不可以建立功名。还给它土地，这样虽说失去了土地，也还能得到诚信的名声。用四百里土地就在天下人面前显示出诚信来，您还是合算的。"庄公是仇人，曹翙是敌人，对仇人敌人都讲诚信，更何况对不是仇人敌人的人呢？桓公多次盟会诸侯而能成功，使天下一切都得到匡正而天下能听从，就由此产生出来。管仲可以说是能因势利导了。他把耻辱变成光荣，把困窘变成通达。虽说前边有所失，不过可以说后来有所得了。事情本来就不可能十全十美啊。

【故事链接 2】

秦饥乞籴于晋

冬，秦饥，使乞籴【籴（dí），买进粮食】于晋，晋人弗与。庆郑曰："背施无亲，幸灾不仁，贪爱不祥，怒邻不义。四德皆失，何以守国？"虢射曰："皮之不存，毛将安傅【"傅"，今改作"附"】？"庆郑曰："弃信背邻，患孰恤之？无信患作，失援必毙，是则然矣。"虢射曰："无损于怨而厚于寇，不如勿与。"庆郑曰："背施幸灾，民所弃也。近犹仇之，况怨敌乎？"弗听。退曰："君其悔是哉！"（《左传·僖公十四年》）

【译】

冬天，秦国发生饥荒，派人到晋国请求购买粮食，晋国人不给。庆郑说："背弃恩惠就没有亲人，幸灾乐祸就是不仁，贪图所爱的东西就是不祥，激怒邻国就是不义。亲、仁、祥、义四种道德都丢掉了，用什么来保卫国家？"虢射说："皮已经不存在，毛又依附在哪里？"庆郑说："丢掉信誉背弃邻国，患难谁来周济？没有信用就会发生患难，丢掉救援一定灭亡，事情就是这样。"虢射说："不会减少怨恨反而增强敌人实力，不如不给。"庆郑说："背弃恩惠幸灾乐祸，是百姓所唾弃的。亲近的人还会结为仇敌，何况本是深怨的敌国呢？”晋惠公不听。庆郑退下来说：“国君恐怕要后悔这件事吧。”

【古文欣赏】

朋党论

欧阳修

【作者简介】

欧阳修（1007—1072 年），字永叔，号醉翁，晚年又号六一居士，北宋庐陵（今江西省吉安市永丰县）人。4 岁丧父，家贫。仁宗天圣八年（1030 年），中进士；入朝为馆阁校勘。庆历三年（1043 年），任谏官。为人耿直，敢于谏诤，在开明派范仲淹和宰相守旧派吕夷简的斗争中，站在范仲淹一边，受到排挤、打击，屡遭贬官。晚年官至枢密副使、参知政事。死后谥文忠。

欧阳修是北宋诗文革新运动的领袖。他重视人才培养，积极推行诗文革新主张，提倡效法韩愈，在散文、诗、词等各方面都有很高成就。他的散文具有说理明白、平易流畅、委曲婉转、情文并茂的独特风格。他的《六一诗话》开创了诗话这一文学形式。作品有《欧阳文忠公集》《新五代史》和《新唐书》（与宋祁合撰）等。

庆历三年（1043 年），韩琦、范仲淹、富弼等执政，欧阳修、余靖等也出任谏官。这时开始实行一些政治改革。从范仲淹、欧阳修等人相继贬官开始，他们已经被保守派官僚指为朋党。此后党议不断发生，宋仁宗在宝元元年（1038 年）还特意下过“戒朋党”的诏书。到了庆历三年，宰相吕夷简虽然被免职，但他在朝廷内还有很大的势力。为了反对改革，以夏竦为首的一伙保守派官僚就正式攻击范仲淹、欧阳修是“党人”。

欧阳修当时担任谏官，就在庆历四年（1044 年）向宋仁宗上了一篇奏章，叫《朋党论》，给夏竦等人以坚决的回击。《朋党论》这篇著名的政论文，在革新派与保守派的斗争中，同样是很有战斗意义的。

【原文】

臣闻朋党之说自古有之，惟幸人君辨其君子小人而已。

大凡君子与君子以同道为朋，小人与小人以同利为朋。此自然之理也。

然臣谓小人无朋，惟君子则有之。其故何哉？小人所好者，利禄也；所贪者，货财也。当其同利之时，暂相党引以为朋者，伪也。及其见利而争先，或利尽而交疏，则反相贼害，虽其兄弟亲戚，不能相保。故臣谓小人无朋，其暂为朋者，伪也。君子则不然。所守者道义，所行者忠信，所惜者名节。以之修身，则同道而相益；以之事国，则同心而共济。始终如一。此君子之朋也。故为人君者，但当退小人之伪朋，用君子之真朋，则天下治矣。

尧之时，小人共公、驩兜等四人为一朋，君子八元、八恺十六人为一朋。舜佐尧，退四凶小人之朋，而进元、恺君子之朋，尧之天下大治。及舜自为天子，而皋、夔、稷、契等二十二人，并立于朝，更相称美，更相推让，凡二十二人为一朋，而舜皆用之，天下亦大治。

《书》曰："纣有臣亿万，惟亿万心；周有臣三千，惟一心。"纣之时，亿万人各异心，可谓不为朋矣，然纣以亡国。周武王之臣，三千人为一大朋，而周用以兴。

后汉献帝时，尽取天下名士囚禁之，目为党人。及黄巾贼起，汉室大乱，后方悔悟，尽解党人而释之，然已无救矣。

唐之晚年，渐起朋党之论，及昭宗时，尽杀朝之名士，或投之黄河，曰："此辈清流，可投浊流。"而唐遂亡矣。

夫前世之主，能使人人异心不为朋，莫如纣；能禁绝善人为朋，莫如汉献帝；能诛戮清流之朋，莫如唐昭宗之世；然皆乱亡其国。更相称美推让而不自疑，莫如舜之二十二臣，舜亦不疑而皆用之；然而后世不诮舜为二十二人朋党所欺，而称舜为聪明之圣者，以能辨君子与小人也。周武之世，举其国之臣三千人共为一朋，自古为朋之多且大，莫如周；然周用此以兴者，善人虽多而不厌也。

嗟呼，治乱兴亡之迹，为人君者，可以鉴矣。

【译】

臣听说关于朋党的言论，是自古就有的，只是希望君主能分清他们是君子还是小人就好了。

大概君子与君子因道义一致结为朋党，而小人与小人则因利益相同结为朋党，这是很自然的规律。

但是臣以为：朋党，小人是没有的，只有君子才有。这是什么原因呢?小人所喜好的是私利和禄位，所贪图的是钱财。当他们私利相同的时候，暂时地互相勾结成为朋党，是虚假的。当他们发现有利可图而争先恐后，或者无利可图而交往疏远时，就会反过来互相残害，即使是兄弟亲戚，也不会互相保护。所以说小人并无朋党，他们暂时结为朋党，也是虚假的。君子就不是这样：他们坚持的是道义，履行的是忠信，珍惜的是名节。用这些来提高自身修养，道义一致就能相互补益。用这些来为国家做事，观点相同就能共同前进，这样始终如一。这就是君子的朋党啊。所以做君主的，只要能斥退小人的假朋党，起用君子的真朋党，那么天下就可以安定了。

尧的时候，共公、驩兜等四个小人结为一个朋党，君子八元、八恺等十六人结为一个朋党。舜辅佐尧，斥退“四凶”的小人朋党，而起用“元、恺”的君子朋党，唐尧的天下因此非常太平。等到虞舜自己做了天子，皋陶、夔、稷、契等二十二人同时列位于朝廷。他们互相推举，互相谦让，一共二十二人结为一个朋党。但是舜全都起用他们，天下也因此得到大治。《尚书》上说：“商纣有亿万臣，是亿万条心；周有三千臣，却是一条心。”商纣王的时候，亿万人各存异心，可以说不成朋党了，但是纣王因此而亡国。周武王的臣下，三千人结成一个大朋党，但周朝却因此而兴盛。后汉献帝的时候，把天下名士都关押起来，把他们视作“党人”。等到黄巾起义军来了，汉王朝大乱，方才悔悟，把全部党人都释放了，但这时已经无法挽救后汉王朝的灭亡了。

唐朝的末年，逐渐发生了关于朋党的议论。到了昭宗时，朱温把朝廷中的名士都杀害了，有的竟被扔进黄河，说什么“这些人自命为清流，应当把他们投到浊流中去”。唐朝也就随之灭亡了。

前代的君主，能使人人异心不结为朋党的，谁也比不上商纣王；能禁绝好人结为朋党的，没有谁比得上汉献帝；能残杀“清流”朋党的，也没有哪个朝代比得上唐昭宗之时的；但是都由此而使他们的国家招来混乱以至灭亡。互相推举谦让而不疑忌的，谁也比不上舜的二十二位大臣，舜也毫不猜疑地起用他们。但是后世并不讥笑舜被二十二人的朋党所蒙骗，却赞美舜是聪明的圣主，原因就在于他能区别君子和小人。周武王时，全国所有的臣下三千人结成一个朋党。自古以来的朋党，其人数之多规模之大，没有比得上周武王时期的。然而周朝因此而兴盛，其原因就在于有德行之士越多越好。

唉，历史上兴盛衰亡、安定混乱的事迹，可以用来作为君主的借鉴了！

第二章　诚者，敬也

凡人所以立身行正，应事接物，莫大乎诚敬

【原文】

凡人所以立身行正，应事接物，莫大乎诚敬。诚者何？不自欺、不妄之谓也。敬者何？不怠慢、不放荡之谓也。(《朱子语类》卷一一九)

【译】

凡是一个人在社会上立身做事，待人接物，没有比诚和敬更重要的了。什么叫诚？就是自己不欺骗自己，不做不该做的事情。什么叫敬？就是对人不怠慢，不纵情放荡自己的行为。

【评】

（敬），会意。从“攴”，以手执杖或执鞭，表示敲打；从“苟”，有紧急、急迫之义。敬，就是认真。

【延伸阅读】

一诚足以消万伪

【原文】

吾辈做事，件件不离一敬字，自无大差失。一诚足以消万伪，一敬足以敌千邪，所谓先立乎其大者，莫切于此。(《明儒学案卷四十四曹端语

录》)

【译】

我们做事，件件不能离开一个“敬”字，自然没有差失。一个真诚就足以消除一万个虚伪；一个敬就足以敌得过一千个邪恶，这就是所说的把大的方面立起来，没有比这个更重要的了！

【评】

诚敬是做事做人的根本！

君子敬以直内，义以方外

【原文】

直其正也，方其义也。君子敬以直内，义以方外，敬义立而德不孤。直方大，不习，无不利，则不疑其所行也。(《易经·文言传》)

【译】

直接产生，是说他的正确模式；遍及四方，是说他的适当表现。君子以严肃态度持守内心的真诚，以正当方式规范言行的表现。做到既严肃又正当，他的德行就不会孤单了。直接产生、遍及四方，广大无边，不必修习，无不有利。这样就不会疑惑自己的所作所为了。

【评】

“敬以直内，义以方外”，后来的宋朝学者就把这八个字拿来当座右铭，有了座右铭之后，就知道一个人要往哪里走了。用严肃的态度来秉持内心的真诚，用正当的方式来规范言行的表现。两句话一方面是内心，一方面是外在表现出来的。

要在心中确立坚定的原则和态度，就不会被外在的诱惑所干扰而心神散乱。一个有主见的人，气质是清朗的。

“敬义立而德不孤”，做到既严肃又正当，他的德行就不会孤单了。孔子说：“德不孤，必有邻。”“邻”代表邻居、朋友、同道的人。有德行的人是不会孤单的，他必定得到人们的亲近与支持。儒家这种思想怎么来的？我们一猜也知道，为什么有德行不会孤单呢？因为“人性向善”，你有德行马上表现出来，其他人看到你做出来的是善，我们都是人，都“向善”，谁不喜欢别人行善呢？因为行善本身代表对大家有利。譬如，我行善，跟周围的人一定相处很好，因为我帮助别人。如果我只为自己着想，怎么能说行善呢？

第三章　著诚去伪，礼之经也

著诚去伪，礼之经也

【原文】

穷本知变，乐之情也；著诚去伪，礼之经也。礼乐负天地之情，达神明之德，降兴上下之神，而凝是精粗之体，领父子君臣之节。(《礼记·乐记》)

【译】

穷究到心的本源而知声音的变化，这是“乐”的事；发挥诚敬而消除虚伪的行为，这是“礼”的常态。礼乐顺依自然的法则，以显示人性的光辉，升降上下的精神而凝固为精妙的乐情与具体的礼仪，统摄着父子君臣的行为规范。

【评】

礼，小篆为,《说文解字》解为，“礼，履也所以事神致福也。”有恭敬、真诚之意。后来引申为“合理”或“礼节”之意。“礼”“乐”是儒家文化的根基，礼乐都是为人而设，所谓“甘受和，白受采，忠信之人，可以学礼。苟无其质，礼不虚行”。(朱熹:《四书章句集注》)

【延伸阅读】

知和而和，不以礼节之，亦不可行也

【原文】

有子曰："礼之用，和为贵。先王之道，斯为美。小大由之，有所不行。知和而和，不以礼节之，亦不可行也。"（《论语·卷一·学而第一》）

【译】

有子说："礼在应用的时候以形成和谐最为可贵，古代帝王的治国作风就以这一点最为完美，无论大事小事，都要依循礼的规定，遇到有些地方行不通时，如果只知为了和谐而求和谐，没有以礼来节制的话，恐怕还是成不了事。"

【评】

范氏曰："凡礼之体主于敬，而其用则以和为贵。敬者，礼之所以立也；和者，乐之所由生也。若有子可谓达礼乐之本矣。"

吾不与祭，如不祭

【原文】

祭如在，祭神如神在。子曰："吾不与祭，如不祭。"（《论语·卷二·八佾第三》）

【译】

孔子祭祀祖先时，好像祖先真的在那里，祭神时就好像神真的在那里。孔子说："我如果不亲自参加祭祀而让别人代祭，那祭过就跟没祭一样。"

【评】

程子曰："祭，祭先祖也。祭神，祭外神也。祭先主于孝，祭神主于敬。"

愚谓此门人记（住）孔子祭祀之诚意。言已当祭之时，或有故不得与，而使他人摄之，则不得致其如在之诚。故虽已祭，而此心缺然，如未尝祭也。

范氏曰："君子之祭，七日戒，三日齐，必见所祭者，诚之至也。是故郊则天神格，庙则人鬼享，皆由己以致之也。有其诚则有其神，无其诚则无其神，可不谨乎？吾不与祭如不祭，诚为实，礼为虚也。"（朱熹《四书集注》）

恭敬者，币之未将者也

【原文】

孟子曰："食而弗爱，豕交之也；爱而不敬，兽畜之也。恭敬者，币之未将者也。恭敬而无实，君子不可虚拘。"（《孟子·卷十三·尽心上（三十七）》）

【译】

孟子说："只养活而不爱护，那就像对待猪一样；只爱护而不恭敬，那就像畜养犬马一样。恭敬之心是在赠送礼物之前就具有的。只有恭敬的形式而没有内在的心意，君子是不会被这种虚假的形式所拘束。"

【评】

礼以恭敬之心为基础，再表现为适当的形式，礼仪的规定十分复杂，因此要特别强调真诚的心意。孔子说："人而不仁如礼何？人而不仁，如乐何？"所谓的"仁"，就是真诚的心意。

【故事链接1】

乐羊以有功而见疑，秦西巴以有罪而益信

乐羊为魏将而攻中山，其子在中山，中山之君烹其子而遗之羹。乐羊坐于幕下而啜之，尽一杯。文侯谓堵师赞曰："乐羊以我故而食其子之

肉。”答曰：“其子之肉尚食之，其谁不食？”乐羊既罢中山，文侯赏其功而疑其心。

孟孙猎得麑，使秦西巴持之归，其母随之而啼。秦西巴弗忍而与之。孟孙适，至而求麑。答曰：“余弗忍而与其母。”孟孙大怒，逐之。居三月，复召以为其子傅。其御曰：“曩将罪之，今召以为子傅，何也？”孟孙曰：“夫不忍麑，又且忍吾子乎？”故曰：“巧诈不如拙诚。”乐羊以有功见疑，秦西巴以有罪益信。(《韩非子·说林上》)

【译】

乐羊担任魏将去攻打中山国，他的儿子在中山。中山国君把他的儿子煮了，并送给他一些带汤的肉，乐羊坐在帐幕下吃了，吃完了一杯。魏文侯对堵师赞说：“乐羊因为我的缘故而吃了他儿子的肉。”堵师赞回答说：“他连儿子都吃了，还有谁不能吃呢？”乐羊从中山归来，文侯奖赏他的功劳，却怀疑他的用心。

孟孙猎到一只小鹿，让秦西巴拿着返回。小鹿的母亲跟在后面啼叫。秦西巴不忍心，就把小鹿给了母鹿。孟孙回来后，来要小鹿。秦西巴回答说：“我不忍心，就还给了它的母亲。”孟孙非常气愤，赶走了他。过了三个月，又把秦西巴召回来，让他做自己儿子的老师。他的车夫说：“从前要加罪于他，现在又召来作为儿子的老师，为什么？”孟孙说：“他对小鹿都不忍下狠心，何况对我的儿子呢？”所以说：“智巧、伪诈比不上笨拙、诚实。”乐羊因有功遭到怀疑，秦西巴因有罪备受信任。

【故事链接 2】

享多仪，仪不及物曰不享

孟子居邹，季任为任处守，以币交，受之而不报。【赵氏曰：“季任，任君之弟。任君朝会于邻国，季任为之居守其国也。不报者，来见则当报之，但以币交，则不必报也。”】处于平陆，储子为相【储子，齐相也。】，以币交，受之而不报。他日由邹之任，见季子；由平陆之齐，不见储子。屋庐子喜曰："连得闲矣。"问曰："夫子之任见季子，之齐不见储子，为其为相与？"曰："非也。书曰：'享多仪，仪不及物曰不享，惟不役志于享。'"屋庐子悦。或问之。屋庐子曰："季子不得之邹，储子得之平陆。"【徐氏曰："季子为君居守，不得往他国以见孟子，则以币交而礼意已备。储子为齐相，可以至齐之境内而不来见，则虽以币交，而礼意不及其物也。"】(《孟子·卷十二·告子下（五）》)

【译】

孟子住在邹国的时候，季任代理任国国政，送礼物来结交孟子，孟子收了礼物而没有回谢。孟子住在平陆的时候，储子位居齐国相国，送礼物来结交孟子，孟子收了礼物而没有回谢。后来孟子从邹国到了任国，前去拜访季子，从平陆到了齐国，却不去拜访储子。屋庐子高兴地说："我发现先生的差错了。"就请教说："先生去任国时，拜访了季子，去齐国时，却没有拜访储子，是因为储子没有居相国吗？"孟子说："不是的。《尚书·洛诰》上说：'进献礼品以礼节为重，礼节如果配不上礼品，就叫做没有进献，因为心意不在进献上。'这是因为他没有完成那进献的缘故啊。"屋庐子听了很满意。有人问他这件事，他说："季子代理国政，不能亲自去邹国，储子担任相国，可以亲自去平陆。"

【评】

同样是送礼，孟子对季任与储子的评价却有如此大的差异，原因正是：人与人相处时，除依礼行事外，还要考量行动者内心的感受与受礼者的对方期许。

第四章　诚者，天之道也；诚之者，人之道也

诚者，天之道也；诚之者，人之道也

【原文】

诚者，天之道也；诚之者，人之道也。诚者不勉而中，不思而得，从容中道，圣人也。诚之者，择善而固执之者也。(《中庸》)

【译】

真诚是上天安排的道路；让自己真诚，是做人的正确道路。所谓真诚，不须费劲而处中道，不须费思就能领悟到善理，走从容自在的中庸之道，那就是圣人啊。让自己真诚，就是选择善行并且坚持下去。

【评】

“诚者，天之道也；诚之者，人之道也。”这两句话对照起来，是了解“天”与“人”的关键所在。“天”指自然界，自然界有其运作规律，没有自由选择的可能，真实无妄；相对于此，“人”则有自由，可以选择要不要真诚？让自己真诚，是人的正确途径，凸显了人的特色，也彰显了人性的尊严。

【延伸阅读】

唯天下至诚，为能尽其性

【原文】

唯天下至诚，为能尽其性；能尽其性，则能尽人之性；能尽人之性，则能尽物之性；能尽物之性，则可以赞天地之化育；可以赞天地之化育，则可以与天地参矣。(《中庸》)

【译】

只有在全天下真诚做到极点的人，才能够充分实现他自己本性的要求。能够充分实现自己本性要求的人，才能够充分实现万物本性的要求。能够充分实现万物本性要求的人，才有可能助成天地的造化及养育作用。可以助成天地的造化和养育作用的人，就可以与天地并列为三了。

【评】

“尽其性”表示天地、人、万物的本性也有潜能，需要充分实现。人能“尽其性”才能与天地并列为三。人尽其性就是最大限度地讲诚信、行善事。

自诚明，谓之性；自明诚，谓之教

【原文】

自诚明，谓之性；自明诚，谓之教。诚则明矣，明则诚矣。(《中庸》)

【译】

由真诚而能明善，可称为本性的作用；由明善而能真诚，可称为教化的作用。真诚到一定程度就会明善；明善到一定程度就会真诚。

【评】

由真诚而明善，这种可能性是人人具备的，但能做到像尧舜“率性”当然是只有少数人。由明善而真诚，大多数人都是如此。人能分辨善恶，内心便会自觉有股力量要求自己真诚，去行善避恶。真诚与明善是不可分离的两种功夫。

不明乎善，不诚乎身矣

【原文】

在下位不获乎上，民不可得而治矣；获乎上有道：不信乎朋友，不获乎上矣。信乎朋友有道：不顺乎亲，不信乎朋友矣。顺乎亲有道：反诸身不诚，不顺乎亲矣。诚身有道：不明乎善，不诚乎身矣。(《中庸》)

【译】

处在下位，没有得到上位者的支持，是不可能治理好百姓的。得到上位者支持是有方法的：如果不被朋友信任，就得不到上位者支持。要被朋友信任也是有方法的：如果没有顺从父母的心意，就不会被朋友信任了。要顺从父母的心意也是有方法的：如果反省自己却不够真诚，就不会顺从父母的心意了。真诚反省自己是有方法的：如果不明白什么是善，就不能真诚反省自己了。

【评】

明确提出真诚和明善是不可分离的两种功夫。

闲邪存其诚，修辞立其诚

【原文】

子曰："龙德而正中者也。庸言之信，庸行之谨，闲邪存其诚。善世而不伐，德博而化。"

子曰："君子进德修业。忠信，所以进德也。修辞立其诚，所以居业也。"(《易经·乾卦第一》)

【译】

孔子说："这是具有龙的德行而处于正中位置的人。平常说话能守信，平常做事能谨慎，防范邪恶以保持内心的真诚，为善于世而不夸耀，德行广被而感化世人。"

孔子说："这是讲君子应该增进德行与树立功业。做到忠诚而守信，由此可以增进德行；修饰言辞以确保诚意的准确表达与执行，由此可以积累功业。"

【评】

"闲邪存其诚"，防范邪恶以保持内心的真诚。换句话说，你如果要真诚，就一定要与邪恶势不两立，邪恶的事是不能真诚去想去做的，真诚想的做的一定是善事。

"修辞立其诚"，修饰的言辞以确保其诚意的准确表达与执行。"言为心声""病从口入，祸从口出"。孔子常常提醒我们，刚毅木讷，才接近人生的正路【子曰："刚毅木讷近仁。"（《论语·子路》），"巧言令色，鲜矣仁。"（《论语·学而》）】，我们说话写文章一定要是内心的真诚表达。

这就是《易经》乾卦的《文言传》所说的"闲邪存其诚、修辞立其诚"，前面是"行"，行动与做事，后面是"言"，人生就是两件事，"言"和"行"。也就是说，一个人做事的时候，一定要跟邪恶势不两立；一个人说话能够表达得恰到好处，内心的情感不多也不少。这就是儒家所要求我们做的。

诚其意

【原文】

所谓诚其意者，毋自欺也。如恶恶臭，如好好色，此之谓自谦。故君子必慎其独也！（《大学》）

【译】

所谓使自己的意念诚实，就是说不要自己欺骗自己。就要像厌恶腐臭的气味那样，如同喜爱美丽的女子那样，一切都发自内心的。这就叫做让自己对自己满意。所以品德高尚的人哪怕是在一个人独处的时候，也一定会谨慎的。

【评】

慎独是一种情操；慎独是一种修养；慎独是一种自律；慎独是一种坦荡。

所谓“慎独”，是指人们在独自活动无人监督的情况下，凭着内心的自觉，按照一定的道德规范行动，不做任何有违道德信念、做人原则之事。

这是进行个人道德修养的重要方法，也是评定一个人道德水准的关键性环节。

人的真正道德价值所在，在于他的爱憎分明，在于他的意念的真诚。

与假道学不同的是，儒家并不回避美色女子，她是人类天性之所爱，可怕的是颠倒黑白。

人的天性应该是厌恶恶臭，喜好美色女子的。这个才是内心的真实，是真实的人性需求啊！

在大庭广众下，众目睽睽，每个人自会小心谨慎，遵守法律秩序和社会公德。君子与小人的区别就在于个人独处或无人监督的时候，小人便无所忌惮作恶了，而君子还是如履薄冰般谨慎一言一行。

君子养心莫善于诚

【原文】

君子养心莫善于诚，致诚，则无它事矣，唯仁之为守，唯义之为行。诚心守仁则形，形则神，神则能化矣；诚心行义则理，理则明，明则能变矣。变化代兴，谓之天德。天不言而人推高焉，地不言而人推厚焉，四时不言而百姓期焉。夫此有常，以至其诚者也。君子至德，嘿然而喻，未施而亲，不怒而威。夫此顺命，以慎其独者也。善之为道者：不诚则不独，不独则不形，不形则虽作于心，见于色，出于言，民犹若未从也，虽从必疑。天地为大矣，不诚则不能化万物；圣人为知矣，不诚则不能化万民；父子为亲矣，不诚则疏；君上为尊矣，不诚则卑。夫诚者，君子之所守也，而政事之本也。唯所居以其类至，操之则得之，舍之则失之。操而得

之则轻，轻则独行，独行而不舍则济矣。济而材尽，长迁而不反其初，则化矣。（《荀子·不苟》）

【译】

君子保养身心没有比真诚更好的了，做到了真诚，那就没有其他的事了，只要守住仁德，只要奉行道义就行了。真心实意地坚持仁德，仁德就会在行为上表现出来，仁德在行为上表现出来就显得神明，显得神明就能感化别人了；真心实意地奉行道义就会变得理智，理智了就能明察事理，明察事理就能改造别人了。改造感化轮流起作用，这叫做天德。上天不说话而人们都推崇它高远，大地不说话而人们都推崇它深厚，四季不说话而百姓都知道春、夏、秋、冬变换的时期。这些都是有了常规因而达到真诚的。君子有了极高的德行，虽沉默不言，人们也都明白；没有施舍，人们却亲近他；不用发怒，就很威严。这是顺从了天道因而能在独自一人时也谨慎不苟的人。君子改造感化人之道是这样的：如果不真诚，就不能慎独；不能慎独，道义就不能在日常行动中表现出来；道义不能在日常行动中表现出来，那么即使发自内心，表现在脸色上，发表在言论中，人们仍然不会顺从他；即使顺从他，也一定迟疑不决。天地广大呀，不真诚就不能化育万物；圣人明智啊，不真诚就不能感化万民；父子之间要算亲密的了，不真诚就会疏远；君主要算尊贵的了，不真诚就会受到鄙视。真诚，是君子的操守，政治的根本。只要立足于真诚，同类就会聚拢来了；保持真诚，会获得同类；丢掉真诚，会失去同类。保持真诚而获得了同类，感化他们就容易了；感化他们容易了，慎独的作风就能流行了；慎独的作风流行了再紧抓不放，人们的真诚就养成了。人们的真诚养成了，他们的才能就会完全发挥出来，永远地使人们趋向于真诚而不回返到他们邪恶的本性上，那么他们就完全被感化了。

【评】

"君子养心莫善于诚"，荀子想以此来告诉人们，一个人如果想要成为君子，就必须陶冶和提高自己的思想情操，而最好的方法就是诚心诚意地对待每一个人或每一件事。

在中国传统文化中，"诚"非常接近道德信仰。孟子说："诚者，天之道也；思诚者，人之道也。至诚而不动者，未之有也，不诚未有能动者也。”孟子所说的“诚”是真实无欺的意思。天是真实无欺的，人也应该追求真实无欺。达到至诚就能使人感动，达不到至诚就不能使人感动。荀子也重视“诚”，认为“诚”是所有德行的基础。至诚是一种尽性知天并达到天人合一的崇高境界。这是中国特色的道德信仰，它不依靠宗教，不通过神学，而从人性与天性、人道与天道的合一，从相信人性善并通过尽性知天的途径，达到天人合一的理想的人生境界。

诚于中，形于外

【原文】

小人闲居为不善，无所不至，见君子而后厌然，掩其不善，而著其善。人之视己，如见其肺肝然，则何益矣。此谓诚于中，形于外，故君子必慎其独也。

曾子曰：“十目所视，十手所指，其严乎！”

富润屋，德润身，心广体胖，故君子必诚其意。（《中庸》）

【译】

那些没有道德修养的人，在闲居独处的时候，无论什么坏事都做得出来。当他们见到那些有道德修养的人，却又躲躲藏藏企图掩盖他们所做的坏事，而装出一副似乎做过好事的模样，设法显示自己的美德。每个人看自己的时候，都像能看到肝肺一样（直视内心），（自欺的结果只能是底气不足，）那么（自欺）还有什么用吗？这就叫做内心的真诚会直达外表，所以君子一定会真诚面对自己。

曾子说：“十只眼睛看着，十只手指着，这难道不令人畏惧吗?!”

财富可以装饰房屋，品德却可以修养身心，使心胸宽广而身体舒泰安康。所以，品德高尚的人一定要使自己的意念真诚。

【评】

曾国藩曾经给“诚”下过定义：一念不生是谓诚，“诚于中，必能形于外”。真诚在内，心就纯净无染，表现于外就是真实不虚、率真自然；如此则心怀坦荡正直无私。因此，真诚就像阳光能温暖人心，像清泉能净化心灵。

诚是立身处世的不二法门，其产生的正能量源源不绝。任何对立与冲突，都能在真诚的言行中化解；任何怨恨不满，都能在真诚的关怀中消融；任何困顿厌倦，都能在真诚的互爱中消逝；任何猜忌误会，都能在真诚的交流中化解。

【故事链接】

梁楚之欢

梁大夫有宋就者，尝为边县令，与楚邻界。梁之边亭与楚之边亭皆种瓜，各有数。梁之边亭人劬力【劬（qú）力，辛勤劳作。劬，勤劳。】数灌其瓜，瓜美；楚人窳【窳（yǔ），懒惰】而稀灌其瓜，瓜恶。楚令因以梁瓜之美怒其亭瓜之恶也。楚亭人心恶梁亭之贤己，因夜往窃搔【搔，翻动】梁亭之瓜，皆有死焦者矣。梁亭觉之，因请其尉，亦欲窃往报搔楚亭之瓜。尉以请宋就，就曰：“恶！是何可？构怨，祸之道也。人恶亦恶，何褊【褊（biǎn），气量狭小。】之甚也。若我教子，必每暮令人往，窃为楚亭夜善灌其瓜，勿令知也。”于是梁亭乃每暮夜窃灌楚亭之瓜。楚亭旦而行瓜，则又皆以灌矣，瓜日以美。楚亭怪而察之，则乃梁亭之为也。楚令闻之，大悦，因具以闻楚王。楚王闻之，赧【赧（nǎn），因羞惭而脸红。】然愧，以意自闵【闵，忧虑。】也。告吏曰：“征【征，调查，追究】搔瓜者，得无有他罪乎？此梁之阴让也。”乃谢以重币，而请交于梁王。楚王时则称说，梁王以为信，故梁楚之欢由宋就始。语曰：“转败而为功，因祸而为福。”老子曰：“报怨以德。”此之谓也。夫人既不善，胡足效哉！（《新序·杂事第四》）

【译】

梁国有一位叫宋就的大夫，曾经做过一个边境县的县令，这个县和楚国相邻界。梁国的边境兵营和楚国的边境兵营都种瓜，各有各的方法。梁国戍边的人勤劳努力，经常浇灌他们的瓜田，所以瓜长得很好；楚国士兵懒惰，很少去浇灌他们的瓜田，所以瓜长得不好。楚国县令就因为梁国的瓜好，怒责楚国士兵没有把瓜种好。楚国士兵心里忌恨梁国士兵（瓜种得）比自己好，于是夜晚偷偷去翻动他们的瓜，所以（梁国的）瓜总是有枯死的。梁国士兵发现了这件事，于是请求县尉，也想偷偷前去报复，翻动楚营的瓜。县尉拿这件事向宋就请示，宋就说："唉！这怎么行呢？结下了仇怨，是惹祸的根苗呀。人家使坏你也跟着使坏，怎么心胸狭小得这样厉害！要让我教给你办法，一定要每晚都派人过去，在夜里偷偷地为楚国兵营好好地浇灌他们的瓜田，不要让他们知道。"于是梁国士兵就在每天夜间偷偷地去浇灌楚兵的瓜田。楚国士兵早晨去瓜田巡视，就发现都已经浇过水了，瓜也一天比一天长得好了。楚国士兵感到奇怪，就注意查看，才知是梁国士兵干的。楚国县令听说这件事很高兴，于是详细地把这件事报告给楚王。楚王听了之后，又忧愁又惭愧，把这事当成自己的心病（忧虑）。于是告诉主管官吏说："调查一下那些到人家瓜田里捣乱的人，他们莫非还有其他罪过吗？这是梁国人在暗中责备我们呀。"于是拿出丰厚的礼物，向宋就表示歉意，并请求与梁王结交。楚王时常称赞梁王，认为他能守信用。所以说，梁楚两国的友好关系，是从宋就开始的。古语说："把失败转变为成功，把祸转变为福。"《老子》说："用恩惠来回报别人的仇怨。"就是说的这类事情呀。别人已经做错了事，哪里值得效仿呢！

第五章　鬼神无常享，享于克诚

鬼神无常享，享于克诚

【原文】

伊尹申诰于王曰："呜呼，惟天无亲，克敬惟亲"，民罔常怀，怀于有仁。鬼神无常享，享于克诚。(《尚书·太甲下》)

【译】

伊尹以至忠之心喜王改悔，重告于王，冀王大善。天于人无有亲疏，天亲克敬，民所归无常，以仁政为常。鬼神不保一人，能诚信者则享其祀。

【评】

天亲克敬，民归有仁，神享克诚，言天民与神皆归于善也，奉天宜其敬谨，养民宜用仁恩，事神当以诚信。

【延伸阅读】

诚者物之终始

【原文】

诚者自成也，而道自道也。诚者物之终始，不诚无物。是故君子诚之为贵。(《中庸》)

【译】

保持真诚，就会自己成就潜能的要求；然后，道也会自己展示出来。保持真诚，万物的结束与开始都会如实进行。没有真诚，无一物可以存在。因此之故，君子非常重视要让自己真诚。

【评】

诚者自成是本然之心诚的回报，而道自道也实为自然之大道的本性。大道生天育地，长养万物，有其不可更改的规律，人依天地之道而顺其法则以修身合道（不违逆自然），故兴衰成败之机皆在自己之心态行为。自然之道依其真诚不变的运化，成育万物，从始至终无为而秩序不乱，故曰“诚者物之终始”。假如自然之道失去诚信，五行失调，阴阳无序，星体运行迟速不定，轨迹莫测，就不会有四季运行，昼夜交替，就会寒热无度，草木不生，就不会有人类世界的存在和发展，故曰“不诚无物”。因此，中庸所论之诚，非世俗理解的某一行为的诚实，而是站在大生命科学的高度，体悟自然本源的特性，贯通三界万物的真理，并以诚修身正心，完成自身的品德修养。用己之小诚感通天地之大诚，合为一体，对天地万物之变化犹如对自身之了然。“是故君子诚之为贵”，把诚看作是高贵的品德。

至诚无息

【原文】

故至诚无息。不息则久，久则征，征则悠远，悠远则博厚，博厚则高明。博厚，所以载物也；高明，所以覆物也；悠久，所以成物也。博厚配地，高明配天，悠久无疆。如此者，不见而章，不动而变，无为而成。（《中庸》）

【译】

所以，真诚到极点的人，心善没有片刻止息。不肯止息，就会持续长久；持续长久就会产生效验；产生效验就会影响深远；影响深远就会广博深厚；广博深厚就会高大光明。广博深厚，因此可以承载万物；高明广大，因此可以覆盖万物；悠久深远，因此可以成就万物。广博宽厚可以配合地的功能；高大光明可以配合天的功能；悠久深远可以推及永无止境。做到这样的程度，不用表现什么，就彰显出来；不必活动什么，就可以变化；没有作为，就能成就一切。

【评】

至诚无息，“无息”是不间断，不止息。是指行善，人若行善，则己立立人，己达达人，由此再博施济众，最后才可能达到与地配合、与天配合的境界。至诚者对于人类而言，正如天地之于万物，最后结果是“悠久无疆”。

唯天下至诚为能化

【原文】

其次致曲。曲能有诚，诚则形，形则著，著则明，明则动，动则变，变则化。唯天下至诚为能化。(《中庸》)

【译】

次于“自诚明”的圣人的贤人致力于某一方面达到周遍，达到周遍以后才能互助合作于诚信，诚信就会表现出来，表现出来就会日益显著，日益显著就会使人明白，明白以后就能行动，行动以后才会有变动，变动之后才会有化育。而唯有天下那极致的诚信才能化育（实现对众人的教化）。

【评】

“致曲”就是要省察自己隐微的意念是否合乎“善”。真诚之后有六个步骤：形—著—明—动—变—化。孟子有“充实而有光泽之谓大”“大而化之谓圣”。

至诚如神

【原文】

至诚之道，可以前知。国家将兴，必有祯祥；国家将亡，必有妖孽。见乎蓍龟，动乎四体。祸福将至：善，必先知之；不善，必先知之。故至诚如神。(《中庸》)

【译】

抵达真诚到极点的境界，可以预知未来。国家将要兴盛时，必定会有祥瑞征兆。国家将要灭亡时，必定会有妖孽作怪。它显示在蓍草与龟甲的占卜中，也影响了人的行为举止。灾祸与幸福将要来到时，是好的，必定可以先知道；是不好的，也必定可以先知道。所以，真诚到极致的人，简直就像神一样。

【评】

朱子解释说："祯祥者，福之兆。妖孽者，祸之萌。蓍，所以筮。龟，所以卜。四体，谓动作威仪之闲，如执玉高卑，其容俯仰之类。凡此皆理之先见者也。然惟诚之至极，而无一毫私伪留于心目之间者，乃能有以察其几焉。"心诚则灵。内心的真诚到了极致，就可以预知未来的事。国家将要兴旺，必然有吉祥的征兆；国家将要衰亡，必然有不祥的反常现象。它们会呈现在蓍草龟甲上，表现在手脚动作上。祸福将要来临时，是福可以预先知道，是祸也可以预先知道。因此，真诚到极致就会像神灵一样能够预知未来。

"至诚"就是合乎天地自然之道。不伪饰，不乔装。"人法地，地法天，天法道，道法自然。"用心诚挚地融入自然，一呼一吸如江河大海奔流不息，波浪起伏。一举一动如周遭环境或静或动。古人仰观天文，俯察地理。从而达到天人合一，天人感应的境界，创造了《易》。静极思动之时，一物一木皆相应，从而能预知祸福吉凶。

不诚无物

【原文】

学者不可以不诚，不诚无以为善，不诚无以为君子。修学不以诚，则学杂；为事不以诚，则事败；自谋不以诚，则是欺其心而自弃其忠；与人不以诚，则是丧其德而增人之怨。(《河南程氏遗书》卷二十五)

【译】

学者不可以不诚，不诚不能为善，不诚不能成为君子。修学不诚，学就杂；做事不诚，事情就不能成功；自谋不诚，则是自欺其心而弃其忠；与人交往不诚，则是自丧其德从而增加他人的怨恨。

【评】

诚信是人的修身之本，也是一切事业得以成功的保证。

唯天下至诚，为能经纶天下之大经

【原文】

唯天下至诚，为能经纶天下之大经，立天下之大本，知天地之化育。夫焉有所倚？肫肫其仁！渊渊其渊！浩浩其天！苟不固聪明圣知达天德者，其孰能知之？（《中庸》)

【译】

只有在全天下真诚到极点的人，才能够经营筹划天下众人共同的规范，奠定天下众人共同的基础，并且了解天地的造化及养育方式，难道他哪里有什么倚仗的？他以无比诚恳的态度努力行仁，他以无比深刻的修养保持宁静，他以无比广阔的心思体察上天。如果不是真正耳聪目明、智慧完美、充分领悟天的功能的人，有谁能明白这个道理呢？

【评】

经纶：经营筹划。朱熹："经论皆治丝之事。经者，理其绪而分之，纶者，比其类而合之。"《易经屯卦象传》："云雷屯，君子以经纶。"意即在社会刚刚组成的时候，领袖的首要任务是经营筹划各种制度规章。大经，经者，常也，大经是人类的共同规范，如五伦等重要的伦常与礼仪。

大本："中也者，天下之大本"，意指"喜怒哀乐之未发"这种稳定状态，是天下众人共同的基础。

诚者非自成己而已也，所以成物

【原文】

诚者非自成己而已也，所以成物也。成己，仁也；成物，知也。性之德也，合外内之道也，故时措之宜也。(《中庸》)

【译】

诚信的人，并非只是成就自己就停止了，还必须成就万物。成就自己，就是仁德；成就万物，就有智慧。这两者都是本性所有的能力，是把外在的途径与内在的途径结合起来说的，所以要配合时机做适当的处置。

【评】

"成己成物"是指由己及物，自身有所成就，也要使自身之外的一切有所成就。隋唐大儒孔颖达对此的注释是："言人有至诚，非是成就自身而已，又能成就外物。"

"成己"是人的内在修养功夫，属于人的精神自觉。孔子云："为仁由己，而由人乎哉？""己欲立而立人，己欲达而达人。""成物"的物，是指人之外的立于天地间的一切存在之物，"成物"一方面是指善待万物，对于物表现出仁爱之心，如孔子的"钓而不网，弋不射宿"，孟子的"亲亲而仁民，仁民而爱物"。一方面是指尽物之性，使物成之为物，即使物各得其所，如《中庸》

所云:“能尽人之性，则能尽物之性。”

“成己”属于人的内在人格世界，其特征在于修身养性；“成物”是主体的道德实践，即个人美德表现于外。

“成己成物”有两层意思：人只有首先成为有德之人，然后才能做成有德之事;“成己”是为了“成物”,“成物”是为了“成己”。

【古文欣赏】

复贺耦耕中丞

曾国藩

【作者简介】

曾国藩（1811—1872 年）是中国历史上最有影响的人物之一，他从湖南双峰一个偏僻的小山村以一介书生入京赴考，中进士留京师后十年七迁，连升十级，37 岁任礼部侍郎，官至二品。紧接着因母丧返乡，恰逢太平天国巨澜横扫湘湖大地，他因势在家乡拉起了一支特别的民团湘军，历尽艰辛为清王朝平定了天下，被封为一等勇毅侯，成为清代以文人而封武侯的第一人，后历任两江总督、直隶总督，官居一品，死后被谥“文正”。曾国藩所处的时代，是清王朝由乾嘉盛世转而为没落、衰败，内忧外患接踵而来的动荡年代，由于曾国藩等人的力挽狂澜，一度出现“同治中兴”的局面，曾国藩正是这一过渡时期的重心人物，在政治、军事、文化、经济等各个方面产生了令人瞩目的影响。这种影响不仅仅作用于当时，而且一直延至今日，从而使之成为近代中国最显赫和最有争议的历史人物。

《复贺耦耕中丞》是作者初入仕途的书信。通篇围绕一个“诚”字做文章，从自己的不诚说起，指斥学界和官场虚伪的求名逐利之风，直接表白自己虽有心求进却决不浮夸的思想，显得谦逊而不媚俗，骨子里自信自尊，有韩愈的行文风格。

国藩顿首耦庚【贺耦庚，名长龄，字耦庚，号耐庵，湖南善化（今长沙）人。嘉庆进士。道光时历任江苏、福建等省布政使，后官至云贵总督。此时贺为贵州巡抚，巡抚又称“中丞”】前辈大人阁下：二月接奉手示，兼辱雅贶【雅贶（kuàng），敬称别人对自己的馈赠。雅，美。贶，赐】，感谢感谢。过蒙矜宠，奖饰溢量。国藩本以无本之学，寻声逐响，自从镜海先生游【镜海，唐鉴，字镜海，湖南善化人。嘉庆进士，官至太常寺正卿，讲求义理之学】，稍乃粗识指归【指归，宗旨所在】坐眢见明【眢（yuān），眼球枯陷失明。引申为井枯无水】，亦耿耿耳【耿耿，心中不安】。乃甫涉向道之藩，遽钓过情之誉，是再辱也。盖尝抉剔平生之病源，养痈藏瘤，百孔杂出，而其要在不诚而已矣。窃以为天地之所以不息，国之所以立，贤人之德业之所以可大可久，皆诚为之也。故曰：“诚者，物之终始，不诚无物。”

今之学者，言考据则持为骋辩之具，讲经济则据为猎名之津，言之者不怍【怍（zuò），惭愧】，信之者贵耳，转相欺谩，不以为耻。至如仕途积习，益尚虚文，好弊所在，蹈之而不怪，知之而不言。彼此涂饰，聊以自保，泄泄成风【泄泄（yì），安然相从貌】，阿同骇异。故每私发狂议，谓今日而言治术，则莫若综核名实；今日而言学术，则莫若取笃实践履之士。物穷则变，救浮华者莫如质。积玩之后，振之以猛，意在斯乎？方今时事孔棘【孔棘，十分危急。孔，甚。棘，通“急”】，追究厉阶之生【厉阶，祸端，祸患的来由】，何尝不归咎于发难者？彼岂实见天下之大计，当痛惩而廓清之哉？岂豫知今日之变实能自我收之哉？不过以语言欺人，思先登要路耳。

国藩以兹内省，早岁所为涉览书册，讲求众艺者，何一非欺人之事？所为高谈古今，嘐嘐【嘐嘐（xiāo），志大言大貌】自许者，何一非欺人之言？中夜以思，汗下如霤【霤（jiù），屋檐下接水的长槽，亦指滴下的水】。顷观先生所为楹帖，道在存诚云云，旨哉！其黯然君子之言乎？果存诚而不自欺，则圣学王道，又有他哉？镜海先生，庶几不欺者也。倭艮峰前辈【倭艮峰，倭仁，蒙古正红旗人。道光进士。道光末年，和曾国藩标榜理学，以封建卫道者自居，后为反对输入西方科技的顽固派首领】，见过自讼，言动无妄；吴竹如比部【吴竹如，吴廷栋，任职刑部。比部，明清时刑部司官的称呼】，天质木讷，贞足干事【贞，贞固，坚贞不移。《易乾文言》：“贞固足以干事。”】。同乡则黎月桥前辈，至性肫肫【肫肫，同“忳忳”，诚挚貌】；陈岱云行己知耻；冯树堂有志力学；皆勉于笃实者也。国藩虽愚柔，既闻明训，敢不请事？若夫读书之道，博学详说，经世之才，遍采广询，自度智慧精神，终恐有所不逮。惟当谨守绳墨，不敢以浮夸导子弟，不敢以暴弃殆父母之遗体。其有所进，幸也；无所进，终吾身而已矣。辱承扶掖之盛心，恐不察其浅鄙，而期许过实，故谨布一二，以为请益之地【请益，受教后仍不明了，再次请教。后泛指向人请教】，亦附于《皇华》三拜之义云【《皇华》，即《皇皇者华》，《诗经》“鹿鸣之什”的第三篇。三拜，《左传》载，鲁国叔孙穆子出使晋国，晋侯招待他，让乐工歌“鹿鸣之三”，叔孙穆子三拜致谢说：“不敢拜教。”这里是拜谢教诲的意思】。书不宣尽，伏维垂鉴。

第三篇　仁篇

【仁】

从人，从二。仁，亲也。(《说文》)

上下相亲谓之仁。(《礼记·经解》)

温良者，仁之本也。(《礼记·儒行》)

养之，长之，假之，仁也。(《礼记》)

仁则从人从二。在天为元，在人为仁。人所以灵于万物者，仁也。(《六书正讹》)

【注】

从说文解字来讲，仁乃“人”+“二”，可以理解为二人相处之道！那么二人相处遵循的道是什么？在易经里面，“一”代表道，“二”由两条大道组成，暨天道与地道，人必须在我们生命的道路上，不断地遵循天道地道这些自然大道来立于世，才能修成“仁”；如若更精进一步，当我们的修炼达到一定境界，那么人就立于天地之间，成顶天立地真丈夫，就可以成为某种意义上的“王”。

仁有三个重要内容：人之性、人之道和人之成，所谓志于仁、立于仁、成于仁。

第一章　仁之本

力行近乎仁

【延伸阅读】

夫子罕言利与命与仁

雍也，仁而不佞

樊迟三问仁

为仁由己，而由人乎哉

夫仁亦在乎熟之而已矣

如其仁，如其仁

【故事链接】

管仲相齐

第二章　志于仁

苟志于仁矣，无恶也

【延伸阅读】

苟不志于仁，终身忧辱，以陷于死亡

我欲仁，斯仁至矣

未之思也，夫何远之有

有能一日用其力于仁矣乎？我未见力不足者

择不处仁，焉得知

【古文欣赏】

劝学（荀子）

【诗歌欣赏】

移居（陶渊明）

第三章　立于仁

仁者安仁，知者利仁

【延伸阅读】

君子无终食之间违仁

道二：仁与不仁而已

仁者以财发身，不仁者以身发财

唯仁者能好人，能恶人

【故事链接】

曾子易箦

【短文欣赏】

爱莲说（周敦颐）

第四章 成于仁

志士仁人，无求生以害仁，有杀身以成仁

【延伸阅读】

求仁而得仁，又何怨

舍生而取义者也

任重而道远

【故事链接】

伯夷叔齐列传（司马迁）

荀巨伯探友

【诗歌欣赏】

狱中题壁（谭嗣同）

放言（白居易）

第五章 仁之方

能近取譬，可谓仁之方也已

【延伸阅读】

强恕而行，求仁莫近焉

仲弓问仁

司马牛问仁

子贡问为仁

以文会友，以友辅仁

能行五者于天下，为仁矣

仁者如射

博学而笃志，切问而近思，仁在其中矣

【故事链接】

徐孺下陈蕃之榻

管宁割席

青白眼

范仲淹苏州办学

第六章　仁之效

仁者无敌

【延伸阅读】

未有上好仁而下不好义者也

未有仁而遗其亲者也

仁者宜在高位

仁则荣，不仁则辱

人而不仁，如礼何？人而不仁，如乐何

知者乐，仁者寿

【古文欣赏】

前出师表（诸葛亮）

兰亭诗（王羲之）

第一章　仁之本

力行近乎仁

【原文】

“天下之达道五，所以行之者三。曰：君臣也、父子也、夫妇也、昆弟也、朋友之交也，五者，天下之达道也；智仁勇三者，天下之达德也；所以行之者，一也。或生而知之，或学而知之，或困而知之，及其知之，一也。”

或安而行之，或利而行之，或勉强而行之，及其成功，一也。

子曰：好学近乎知，力行近乎仁，知耻近乎勇。知斯三者，则知所以修身；知所以修身；则知所以治人；知所以治人，则知所以治天下国家矣。（《中庸》）

【译】

“天下人共同要走的正路有五条，要想走得通这些路就须靠三种方法。君臣关系、父子关系、夫妇关系、兄弟关系、朋友交往关系，这五条是天下人共同要走的正路。明智、仁德、勇敢，这三者是天下人共同采取的方法。这三种方法都基于一个原则。有些人生来就知道这些，有些人由学习而知道这些，有些人经历困难才知道这些；等到知道了这些，所知的都是一样的。有些人顺其自然就实践这些，有些人明白有利而实践这些，有些人勉强实践这些；等到实践了这些，所成就的都是一样的。”

孔子说，爱好学习就接近明智了，努力实践就接近仁德了，懂得羞耻就接近勇敢了。了解这三点，就知道如何修养言行；知道如何修养言行，就知道如何治理众人；知道如何治理众人，就知道如何治理天下国家了。

【评】

智、仁、勇，是儒家所谓的三达德：好学近乎知，力行近乎仁，知耻近乎勇。朱熹的注解引吕氏所言，说的是“好学非知，然足以破愚；力行非仁，然足以忘私；知耻非勇，然足以起懦”。力行，是身体力行，指的是人的所作给周围人所带来的影响。人的生命表征有二：言和行，仁是“行”的结果。

【延伸阅读】

夫子罕言利与命与仁

【原文】

子罕言利与命与仁。(《论语·卷五·子罕第九》)

【译】

孔子很少主动谈到三件事，即有关利益、命运与行仁的问题。

【评】

孔子很少谈到利益，因为利益人人想得到，但是真正得到利益的人是少数。孔子说过：“放于利而行多怨。”

孔子很少谈到命运，命运表明你在世间的遭遇，孔子知道人是有命的，孔子说过：“五十而知天命”，但是不多谈，谈多了可能会造成大家坐以待命，不肯脚踏实地做该做的事。

孔子很少谈到仁，孔子所谓的仁，是跟每个人的具体行为有关，所以不同的学生因为年龄、背景、条件不同，问仁的时候，孔子会有不一样的回答。

雍也，仁而不佞

【原文】

或曰：“雍也，仁而不佞。”子曰：“焉用佞？御人以口给，屡憎于人。

不知其仁，焉用佞？”（《论语·公冶长》）

【译】

有人说：“雍（姓冉，字仲弓，孔子的学生），可以行仁，但是口才不够善巧。”孔子说：“何必需要口才善巧呢？以伶俐的口才与别人争论，常常会引起别人的厌恶，使人不知道他是不是仁，所以何必要口才善巧呢？”

【评】

《说文解字》对“佞”的解释是“巧谄高材也”。朱熹四书集注云：“仲弓为人重厚简默，而时人以佞为贤，故美其优于德，而病其短于才也。”《史记·仲尼弟子列传》上说：“孔子以仲弓为有德行，曰：‘雍也，可使南面。’”这里有两个重点：第一，口才好不见得是好事。因为光是口才好，没有原则，是非善恶不分，就是一件坏事；第二，仲弓是孔子很喜欢的弟子，德行科能排第四的弟子，但是孔子说“不知其仁”，可见行仁才是最困难的。

樊迟三问仁

【原文】

樊迟问知。子曰：“务民之义，敬鬼神而远之，可谓知矣。”

问仁。曰：“仁者先难而后获，可谓仁矣。”（《论语·卷三·雍也第六》）

【译】

樊迟请教什么是智。孔子说：“专心做好为百姓服务所该做的事，敬奉鬼神但是保持适当距离，这样可以说是明智的。”他又请教什么是仁。孔子说：“仁是先努力辛苦耕耘，然后才收获成果，这样可以说是行仁。”

樊迟问仁。子曰：“爱人。”问知。子曰：“知人。”樊迟未达。子曰：“举直错诸枉，能使枉者直。”樊迟退，见子夏曰：“乡也吾见于夫子而问知。子曰：‘举直错诸枉，能使枉者直。’何谓也？”子夏曰：“富哉言乎！

舜有天下，选于众，举皋陶，不仁者远矣；汤有天下，选于众，举伊尹，不仁者远矣。”（《论语·颜渊二十二》）

【译】

樊迟问什么是仁，孔子说：“爱人。”樊迟又问什么是智，孔子说：“善于识别人。”樊迟没有想通这番话。孔子便说：“提拔那些正直的人，使他们的地位在邪恶的人之上，这就能使邪恶的人正直起来。”樊迟出来，见到子夏说：“刚才我见到老师，问什么是智，老师说：‘提拔那些正直的人并使他们位在邪恶的人之上，这就能使邪恶的人正直起来。’这话是什么意思？”子夏说：“这是含义多么深刻的话啊！舜有了天下，在众人中选出一个皋陶来任用，那些不仁的人也就远离了。汤有了天下，在众人中挑选出一个伊尹来任用，那些不仁的人也就远离了。”

樊迟问仁。子曰：“居处恭，执事敬，与人忠。虽之夷狄，不可弃也。”（《论语·卷七·子路第十三》）

【译】

樊迟请教仁。孔子说：“平时态度庄重，工作认真负责，与人交往真诚，即使到了偏远的落后地区，也不能没有这几种德行。”

【评】

朱熹四书集注引胡氏曰：“樊迟问仁者三：此（孔子的回答：‘居处恭……’）最先，‘先难（而后获）’次之，‘爱人’其最后乎？”

樊迟在孔子的学生中资质不是很好，他取名迟，好像也有点自认迟钝的意思。

“居处恭，执事敬，与人忠”这是一个普遍的原则：对自己要“恭”，就是自尊、自重；做事要“敬”，就是认真、负责；跟别人相处要“忠”，就是真诚。儒家思想不是叫你学表面，而是学真诚心。这是由我出发而达天下，希望天下人都因为我的努力而过得快乐。

“先难后获”是不要先问收获，要先问自己有没有把事情做好？这就是人生正路。

“爱人”两个字，更加直接，后来很多人把“仁者爱人”作为口号，一般而论，这个答案实在太浮泛，孔子教学时，经常仁智并举。你有仁心，但是如何实现仁心，这就需要智慧的判断。问仁与智，这是好问题，但是考虑问题的格局要放大一点，要从国家、天下角度来理解。首先分辨好人，其次给他适当位置，使他能够造福苍生。首先是智，然后才能达到仁。如此而言儒家思想是非常系统而深谋远虑的。

为仁由己，而由人乎哉

【原文】

颜渊问仁。子曰：“克己复礼为仁。一日克己复礼，天下归仁焉。为仁由己，而由人乎哉？”颜渊曰：“请问其目。”子曰：“非礼勿视，非礼勿听，非礼勿言，非礼勿动。”颜渊曰：“回虽不敏，请事斯语矣。”（《论语·卷六·颜渊第十二》）

【译】

颜渊请教如何行仁。孔子说：“能够自己做主去实践礼的要求，就是人生正途。不论任何时候，只要能够自己做主去实践礼的要求，天下人都会肯定你是走在人生正途上。走上人生正途是完全靠自己的，难道还能靠别人吗？”颜渊说：“希望您指点一点具体的做法。”孔子说：“不合乎礼的不去看，不合乎礼的不去听，不合乎礼的不去说，不合乎礼的不去做。”颜渊说：“我虽然不够聪明，也要努力做到你说的这些。”

【评】

孔子的核心思想是仁，孔子最好的学生是颜渊，最好的学生询问老师的核心思想，孔子的回答一定是他一生思想的精华。“克己复礼”一般人就解释为克制自己或约束自己，去实践礼的要求。这种理解缺少动力。因为颜渊在孔子学生里已经是“一箪食，一瓢饮，在陋巷，人也不堪其忧，回也不改其乐了”。“克”在这里是“能够”的意思。这种用法在古文中也常见。如“克明俊德”，就是能够彰显明德的意思。“克己”就是能够自己做主，“复礼”去实践规范，这就是化被动为主动。人进行修养的目的就是，即使没有人管我，我自己都要主动去做该做的事情，这是儒家的关键。

“为仁由己，而由人乎哉？”正好与“克己复礼为仁”相呼应。走上人生正途要靠自己，难道还要靠别人吗？人要化被动为主动。受礼仪约束是被动的，一定要转为主动才叫仁。孔子对自己最好的学生颜渊强调的是，要把被动变为主动，自己做主去实现礼仪的要求。这才是人生正路，达到这一步的话，天下人都会肯定你，因为你一方面遵守了礼仪的规定，另一方面你是主动的，由发自内心的力量来推动你去做一切好事，你的人格就达到了圆满。

夫仁亦在乎熟之而已矣

【原文】

孟子曰：“五谷者，种之美者也；苟为不熟，不如荑稗。夫仁，亦在乎熟之而已矣。”《孟子・卷十一・告子上（十九）》

【译】

孟子说：“五谷是各类谷子中的精华，如果没有长到成熟阶段，反而比不上稊米与稗子。行仁也要像五谷成熟那样达到尽善尽美才好。”

【评】

五谷未成熟，无法食用，仁德未能长期实践臻于成熟，也无法发出正面的影响力。行仁如果源自人性的内在要求，岂有半途而废之理？

如其仁，如其仁

【原文】

子路曰：“桓公杀公子纠，召忽死之，管仲不死。”曰：“未仁乎？”子曰：“桓公九合诸侯，不以兵车，管仲之力也。如其仁！如其仁！”（《论语・卷七・宪问第十四》）

【译】

子路说："齐桓公杀了公子纠，召忽为此而自杀，管仲却仍然活着。"接着又说："这样不能算是合乎行仁的要求了吧？"孔子说："齐桓公多次主持诸侯会盟，使天下没有战争，都是管仲努力促成的。这就是他的行仁表现，这就是他的行仁表现。"

子贡曰："管仲非仁者与？桓公杀公子纠，不能死，又相之。"子曰："管仲相桓公，霸诸侯，一匡天下，民到于今受其赐。微管仲，吾其被发左衽矣。岂若匹夫匹妇之为谅也，自经于沟渎而莫之知也。"（《论语·卷七·宪问第十七》）

【译】

子贡说："管仲不算行仁的人吧，桓公杀了公子纠，他不但没有以身殉难，还去辅佐桓公。"孔子说："管仲辅佐桓公，称霸诸侯，一举而使天下得到匡正，百姓到今天还在承受他的恩惠。如果没有管仲，我们可能已经沦为夷狄，披头散发穿着左边开口的衣襟，他难道应该像坚守小信的平凡人一样，在山沟中上吊自杀，死了还没有人知道吗？"

【评】

在《论语》中，孔子评价管仲的有四处，贬褒不一。有一处明显是贬的：在《卷二八佾·第二十二》中，孔子说："管仲之器小哉！"又说："管氏有三归，官事不摄，焉得俭？""邦君树塞门，管氏亦树塞门；邦君为两君之好，有反坫，管氏亦有反坫。管氏而知礼，孰不知礼？"大意是说他器量狭小，不知节俭，更不知礼。在《卷七·宪问第九》中，孔夫子应他的子弟所问，对郑国的子产、子西做了评价之后，也评说了管仲："人也。夺伯氏骈邑三百，饭疏食，没齿无怨言。"夺了那一位齐国大夫的采邑，还让人家老得牙齿都掉光了也没有怨言，这无疑是说，管仲这个人很厉害，很有手腕。可谓褒中有贬。难怪此语中的"人也"，有人翻译成"是个仁人"，也有人翻译成"是个人物"。这种褒中有贬或贬中有褒，或许正是他对管仲的矛盾心态之显现。

《卷七·宪问》第十四、第十七两章，却是完全赞赏管仲，甚至直接为管仲辩说。公子纠与公子小白相争失利被杀，召忽与管仲都是公子纠的智囊，召忽以自杀尽忠，管仲当了公子纠的政敌小白即齐桓公的宰相。子路与子贡就此对管仲之“仁”提出质疑。孔子对子路说了“桓公九合诸侯，不以兵车”之事，将此归功于管仲，还连声说“如其仁！如其仁！”意思是，齐桓公能够称霸天下，是靠管仲用外交手段避免战争，通过协议的方式来维持和平。这就是管仲行仁的表现。管仲是齐国的宰相，本来只负责照顾齐国百姓，但通过他的外交手段避免了战争，也照顾了天下的百姓，所以管仲的功劳大得很。

孔子对子贡说：“管仲相桓公，霸诸侯，一匡天下，民到于今受其赐。微管仲，吾其被发左衽矣。”再一次肯定了管仲的功劳。通过外交手段避免战争，光这一点就造福天下更多的人了。你是要管仲像一般老百姓一样坚守小信，在山沟里自杀，死了没有人知道，还是希望管仲活着，替齐桓公做事，让天下人安定？所以谈仁，一定不会离开事功，一个人对社会没有任何服务和贡献，凭什么自封是一个道德圆满的人？“仁”是不能离开我跟别人之间的互动关系的。

【故事链接】

管仲相齐

（一）桓公立国

初，襄公之醉杀鲁桓公，通其夫人，杀诛数不当，淫於妇人，数欺大臣，群弟恐祸及，故次弟纠奔鲁。其母鲁女也。管仲、召忽傅之。次弟小白奔莒，鲍叔傅之。小白母，卫女也，有宠於釐公。小白自少好善大夫高傒。及雍林人杀无知，议立君，高、国先阴召小白於莒。鲁闻无知死，亦发兵送公子纠，而使管仲别将兵遮莒道，射中小白带钩。小白佯死，管仲使人驰报鲁。鲁送纠者行益迟，六日至齐，则小白已入，高傒立之，是为桓公。

桓公之中钩，佯死以误管仲，已而载温车中驰行，亦有高、国内应，故得先入立，发兵距鲁。秋，与鲁战于乾时，鲁兵败走，齐兵掩绝鲁归道。齐遗鲁书曰："子纠兄弟，弗忍诛，请鲁自杀之。召忽、管仲雠也，请得而甘心醢之。不然，将围鲁。"

鲁人患之，遂杀子纠于笙渎。召忽自杀，管仲请囚。桓公之立，发兵攻鲁，心欲杀管仲。鲍叔牙曰："臣幸得从君，君竟以立。君之尊，臣无以增君。君将治齐，即高傒与叔牙足也。君且欲霸王，非管夷吾不可。夷吾所居国国重，不可失也。"

於是桓公从之。

乃佯为召管仲欲甘心，实欲用之。管仲知之，故请往。鲍叔牙迎受管仲，及堂阜而脱桎梏，斋祓而见桓公。桓公厚礼以为大夫，任政。(《史记·齐太公世家》)

【译】

当初，齐襄公醉酒后杀了鲁桓公，与鲁桓公的夫人私通，多次杀害不该杀的人，沉湎女色，多次欺骗大臣，几个兄弟知道国家将乱，恐祸及己，纷纷外逃。襄公的二弟公子纠奔鲁，因为公子纠的母亲是鲁国诸侯之女，随行辅佐公子纠的是管仲和召忽。三弟小白奔莒，随行辅佐小白的是鲍叔牙。小白的母亲是卫国诸侯之女，有宠于齐釐公。小白自幼便与齐国的大臣高傒友善。所以，当雍林人杀死公子无知，商议另立新君时，高氏、国氏两姓大族便派人到莒国悄悄地迎接小白。而鲁国听说无知被杀后，也发兵送公子纠回国争位，而且派管仲到莒国通往临淄的道路上去劫杀小白。管仲一箭射中了小白的衣带钩，小白趁势躺倒装死，管仲误以为小白已死，向鲁国报告以后，鲁国送公子纠的队伍就走得慢了，六天后到达齐国，这时小白早已进入，高傒立以为君，这就是齐桓公。

当初桓公中箭时，装死以骗管仲，然后藏在温车中飞速行进，也因为有高氏国氏二大家族为内应，所以能够先入齐国即位，派兵抵御鲁军。秋天，齐兵与鲁兵在乾时作战，鲁兵败逃，齐兵又切断鲁兵的退路。齐国写信给鲁国说："子纠是我兄弟，不忍亲手杀他，请鲁国将他杀死。召忽、管仲是我仇敌，我要求活着交给我，让我把他们剁成肉酱才甘心。不然，齐兵要围攻鲁国。"

鲁人害怕，就在笙渎杀死子纠。召忽自杀而死，管仲要求囚禁。桓公即位时，派兵攻鲁，本欲杀死管仲。鲍叔牙说："我有幸跟从您，您终于成为国君。您的尊贵地位，我已无法再帮助您提高。您如果只想治理齐国，有高傒和我也就够了。您如果想成就霸王之业，没有管夷吾不行。夷吾所居之国，其国必强，不能失去这个人才。"于是桓公听从此言。就假装召回管仲以报仇雪恨，实际是想任他为政。管仲心里明白，所以要求返齐。鲍叔牙迎接管仲，一到齐国境内的堂阜就给管仲除去桎梏，让他斋戒沐浴而见桓公。桓公赏以厚礼任管仲为大夫，主持政务。

（二）管鲍之交

管仲曰："吾始困时，尝与鲍叔贾，分财利多自与，鲍叔不以我为贪，知我贫也。吾尝为鲍叔谋事而更穷困，鲍叔不以我为愚，知时有利不利也。吾尝三仕三见逐于君，鲍叔不以我为不肖，知我不遭时也。吾尝三战三走，鲍叔不以我为怯，知我有老母也。公子纠败，召忽死之，吾幽囚受辱，鲍叔不以我为无耻，知我不羞小节而耻功名不显于天下也。生我者父母，知我者鲍子也。"（《史记·管晏列传》）

【译】

管仲说："我当初贫困的时候，曾经和鲍叔一起经商，分财利时自己常常多拿一些，但鲍叔并不认为我贪财，知道我是由于生活贫困的缘故。我曾经为鲍叔办事，结果使他更加穷困，但鲍叔并不认为我愚笨，知道这是由于时机有利和不利。我曾经三次做官，三次都被君主免职，但鲍叔并不认为我没有才干，知道我是由于没有遇到好时机。我曾三次作战，三次都战败逃跑，但鲍叔并不认为我胆小，知道这是由于我还有老母的缘故。公子纠失败，召忽为他而死，我被囚禁起来受屈辱，但鲍叔并不认为我不知羞耻，知道我不拘泥于小节，而以功名不显扬于天下为羞耻。生我的是父母，但了解我的却是鲍叔啊！"

（三）管仲为政

管仲既任政相齐，以区区之齐在海滨，通货积财，富国强兵，与俗同好恶。故其称曰："仓廪实而知礼节，衣食足而知荣辱，上服度则六亲固。四维不张，国乃灭亡。下令如流水之源，令顺民心。"故论卑而易行。俗之所欲，因而与之；俗之所否，因而去之。

其为政也，善因祸而为福，转败而为功。贵轻重，慎权衡。桓公实怒少姬，南袭蔡，管仲因而伐楚，责包茅不入贡于周室。桓公实北征山戎，而管仲因而令燕修召公之政。于柯之会，桓公欲背曹沫之约，管仲因而信之，诸侯由是归齐。故曰："知与之为取，政之宝也。"（《史记·管晏列传》）

【译】

管仲在齐国执政任相，使地处海滨的小小齐国流通货物，积聚财帛，富国强兵，办事能够与百姓同好恶。所以他说："仓库充实了，人才知道礼仪节操，衣食富足了，人才懂得荣誉和耻辱。君主如能带头遵守法度，那么，父母兄弟妻子之间便会亲密无间。礼义廉耻得不到伸张，国家就要灭亡。国家颁布的政令像流水的源泉一样畅通无阻，是因为它能顺应民心。"因为道理浅显，容易实行。百姓所要求的，就顺应他们的愿望提供给他们；百姓所反对的，就顺应他们的愿望抛弃它。

管仲为政，善于转祸为福，把失败变为成功。重视控制物价，谨慎地处理财政。桓公实际上是由于怨恨少姬，南下袭击蔡国，但管仲却借这个机会，责备楚国不向周天子进贡包茅。桓公实际上是北伐山戎，但管仲却借这个机会，命令燕国恢复召公的政令。桓公在柯地与鲁国会盟，后来又想违背同曹沫的盟约，但管仲借助这个盟约使桓公建立了信义，因此诸侯都来归附齐国。所以说："懂得给予就是索取的道理，这是治理国政的法宝。"

（四）管仲之死

管仲病，桓公问曰："群臣谁可相者？"管仲曰："知臣莫如君。"公曰："易牙如何？"对曰："杀子以适君，非人情，不可。"公曰："开方如何？"对曰："倍亲以适君，非人情，难近。"公曰："竖刁如何？"对曰："自宫以适君，非人情，难亲。"管仲死，而桓公不用管仲言，卒近用三子，三子专权。（《史记·齐太公世家》）

【译】

管仲病重之后，齐桓公问他："你死后群臣之中谁可做相国？"管仲说："知臣莫如君。"桓公说："易牙这人怎么样？"回答说："他杀死自己的儿子来迎合国君，不合人情，不能任用。"桓公问："开方这人怎么样？"回答说："他抛弃双亲来迎合国君，不合人情，不可接近。"桓公说："竖刁这人怎么样？"回答说："阉割自己来迎合国君，不合人情，不可亲信。"管仲死后，桓公不听管仲之言，还是亲近任用这三人，三人专权。

第二章　志于仁

苟志于仁矣，无恶也

【原文】

子曰："苟志于仁矣，无恶也。"（《论语·卷二·里仁第四》）

【译】

孔子说："只要立志行仁，就不会做坏事。"

【评】

孔子谈立志，主要有三个对象：第一个是"志于学"，一辈子要好好学习。第二个是"志于仁"，立志于行仁，走好你的人生正路。第三个是"志于道"，走好人类共同的正路。立志行仁，就会一辈子做好事而不做坏事。

【延伸阅读】

苟不志于仁，终身忧辱，以陷于死亡

【原文】

孟子曰："桀纣之失天下也，失其民也；失其民者，失其心也。得天下有道：得其民，斯得天下矣；得其民有道：得其心，斯得民矣；得其心有道：所欲与之聚之，所恶勿施尔也。民之归仁也，犹水之就下、兽之走圹也。故为渊驱鱼者，獭也；为丛驱爵者，鹯也；为汤武驱民者，桀与纣也。

今天下之君有好仁者，则诸侯皆为之驱矣。虽欲无王，不可得已。今之欲王者，犹七年之病求三年之艾也。苟为不畜，终身不得。苟不志于仁，终身忧辱，以陷于死亡。”（《孟子·离娄章句上》）

【译】

孟子说：“夏桀与商纣失去天下，是由于失去了百姓；失去百姓，是由于失去了民心。因此，要得天下有方法：得到百姓，就得到了天下。要得到百姓有方法：得到民心，就得到了百姓。要得到民心有方法：（民心）想要的替民聚集起来，民心厌恶的不加在民身上，如此而已。百姓归向仁德，就像水往下流，野兽奔向旷野一样。所以，替深水赶来鱼的，是水獭；替树丛赶来鸟雀的，是鹞鹰；替商汤、周武王赶来百姓的，是夏桀与商纣。如果现在天下的君主有爱好仁德的，那么其他诸侯就会替他赶来百姓。即使他不想称王天下，也是不可能的。现在想要称王天下的人，就像患了七年的病要存放三年的艾草来医治，如果不开始积存就终身得不到。如果不立志行仁，就终身忧愁受辱，以至于死亡。”

【评】

一个是民心问题，一个是仁政问题。二者密切相关，相辅相成。

“民之归仁也，犹水之就下、兽之走圹也”表达了人性向善的“动态趋力”。

“三年之艾”提醒我们，为善不能靠“一念之仁”，而是需要努力，长期的积累。

我欲仁，斯仁至矣

【原文】

子曰：“仁远乎哉？我欲仁，斯仁至矣。”《论语·卷四·述而第七》

【译】

孔子说：“仁离我很远吗？只要我愿意行仁，这个仁就立刻到了。”

【评】

朱熹《四书集注》:“放而不求，故有以为远者；反而求之，则即此而在矣，夫岂远哉？”

“仁”的结构左边是人，右边是二，代表二人为仁。行仁，一定要跟别人相处。人为什么伟大，就因为他是可以真诚而发自内心地行仁，它大致可以分为三个层次：第一个为人之性，你只要真诚，就会发现力量由内而发，让你做该做的事，叫做人性向善；第二个为人之道，人生之路该怎么走？择善而固执；第三个为人之成，人的生命的完成。

未之思也，夫何远之有

【原文】

“唐棣之华，偏其反而，岂不尔思？室是远而。”子曰：“未之思也，夫何远之有？”《论语·卷五·子罕第九》

【译】

古代有几句这样的诗：“唐棣树的花，翩翩地摇摆，难道我不想念你？因为家住得那样远。”孔子说：“他是不去想念，如果真的想念，有什么遥远的呢？”

【评】

朱子引程子的话说：“圣人未尝言易以骄人之志，亦未尝言难以阻人之进。但曰‘未之思也，夫何远之有？’此言极有涵蓄，意思深远。”“仁远乎哉？我欲仁，斯仁至矣。”

有能一日用其力于仁矣乎？我未见力不足者

【原文】

子曰：“我未见好仁者，恶不仁者。好仁者，无以尚之；恶不仁者，其为仁矣，不使不仁者加乎其身。有能一日用其力于仁矣乎？我未见力不足

者。盖有之矣，我未之见也。"（《论语·卷二·里仁第四》）

【译】

孔子说："我不曾见过爱好仁德的人和厌恶不仁德的人。爱好仁德的人，那是再好也没有的了；厌恶不仁德的人，他行仁德，只是不使不仁德的东西加在自己身上。有没有会在某一段时间致力于培养完美人格呢？真要这么做，我不曾见过力量不够的。或许真有力量不够的，只是我未曾见过罢了。"

【评】

孔子教学生一向是两个策略：第一种是消极的，你不要做坏事；第二种是积极的，你要去做好事。这样称作从消极到积极，所谓"贫而不谄、富而不骄"还不够，还要"贫而乐道，富而好礼"人生才能进步。常人对于"仁"的追求（人格的追求）不太在乎，只求自己生活的方便，只要做到比上不足、比下有余就够了。孔子认为这样不够好，真正要做到好的话，应该往上走。任何一个人只要在一段时间，立志培养自己的完美人格，没有力量不够的，只要你愿意。外在的成就不是你要就有的，但是内心的成长要求，你只要去做就一定会有成果。这就是儒家给你的信心！

择不处仁，焉得知

【原文】

子曰："里仁为美。择不处仁，焉得知？"《论语·卷二·里仁第四》

【译】

孔子说："居住在民风淳厚的地方是最理想的。一个人选择住处，而错过了民风淳厚的地方，算得上明智吗？"

【评】

朱熹在《四书集注》中注道："里有仁厚之俗为美。择里而不居于是焉，则失其是非之本心，而不得为知矣。"因为人容易受环境影响。另有一解是皇疏引沈居士云："所居之里，尚以仁地为美，况择身而处，而不处仁道，安得智乎？"

【古文欣赏】

劝学

荀子

南方有鸟焉，名曰蒙鸠【蒙鸠，鹪鹩。俗称巧妇鸟，鹪鹩巢於深林，不过一枝】，以羽为巢，而编之以发，系之苇苕【苇苕（tiáo），苕，苇之秀也】，风至苕折，卵破子死。巢非不完也，所系者然也。

西方有木焉，名曰射干【射干（yègān）香草】，茎长四寸，生于高山之上而临百仞之渊，木茎非能长也，所立者然也。

蓬生麻中，不扶而直；白沙在涅【涅，黑土】，与之俱黑。兰槐【兰槐，蘭，香草名。即白芷】之根是为芷【芷，香草】，其渐之滫【滫（xiǔ），小便】，君子不近，庶人不服。其质非不美也，所渐者然也。

故君子居必择乡，游必就士，所以防邪辟而近中正也。

【译】

南方有一种叫"蒙鸠"的鸟，用羽毛作窝，还用毛发把窝编结起来，把窝系在嫩芦苇的花穗上，风一吹苇穗折断，鸟窝就坠落了，鸟蛋破，雏鸟死。不是窝没编好，而是不该系在芦苇上面。

西方有种叫"射干"的草，只有四寸高，却能俯瞰百里之遥，不是草能长高，而是因为它长在了高山之巅。

蓬草长在麻地里，不用扶持也能挺立住；白沙混进了黑土里，就再不能变白了。兰槐的根叫香艾，一旦浸入臭水里，君子下人都会避之不及，不是艾本身不香，而是被浸泡臭了。

所以君子居住要选择好的环境，交友要选择有道德的人，才能够防微杜渐保其中庸正直。

【诗歌欣赏】

移居

陶渊明

昔欲居南村，非为卜其宅。
闻多素心人，乐与数晨夕。
怀此颇有年，今日从兹役。
敝庐何必广，取足蔽床席。
邻曲时时来，抗言谈在昔。
奇文共欣赏，疑义相与析。

【译】

以前就想搬到南村去住，并不是因为那里的风水好。听说有很多性情恬静的人，很高兴和他们朝夕相处。心怀这种想法已经好些年了，今天终于搬过来了。房屋不一定要有多宽敞，能放下床和席子就足够了。邻居常常来拜访，我们尽情谈古论今。好的文章一起欣赏，碰到疑难的地方就共同分析探讨。

【评】

陶渊明辞官后，回到了有着“方田十余亩，草屋八九间”的园田居，这是他赖以生存的物质基础。然而，不幸的是，他归隐不久后，公元408年，一场大火把他的园田居烧成了灰烬。失去栖身之所的陶渊明在门前一条破船上暂住了一段时间。公元410年，他将家搬到南里之南村。这首诗就写于此时。

这首诗表现了陶渊明“重神而轻形”的思想。房屋的简陋狭小，和精神的愉悦充实形成鲜明的对比。他对物质生活要求不高，而对精神生活非常重视。房子虽然简陋，但不妨碍他们谈古论今，我们仿佛能看到陶渊明和他的邻居们高谈阔论、情绪激动的形象。“奇文共欣赏，疑义相与析。”我们又仿佛看到了他们那专注的眼神、认真的态度、陶醉的神情。这一句写尽了读书人共有的人生体验，成为千古名句。

第三章　立于仁

仁者安仁，知者利仁

【原文】

子曰："不仁者不可以久处约，不可以长处乐。仁者安仁，知者利仁。"（《论语·卷二·里仁第四》）

【译】

孔子说："不行仁的人没有办法持久处在困境中，也没有办法长期处在顺境中，行仁者是自然而然走在人生正途上，明智者则是了解人生正途的重要而作此选择。"

【评】

朱熹在《四书集注》中评道："不仁之人，失其本心，久约必滥，久乐必淫。""不仁"，简单来说没有走在人生正途上，如果处在困境，就容易胡作非为，处在顺境，就容易沉湎于吃喝玩乐。所以，一个人行仁和不行仁是关键。你如果不行仁，顺境、逆境都不能坚持自己的理想。你如果你行仁，就能富贵的时候不迷惑，贫贱的时候不丧失志向，即孟子所说的"富贵不能淫、贫贱不能移"。

朱子又云："惟仁者则安其仁而无适不然，知者则利于仁而不易所守，盖虽深浅之不同，然皆非外物所能夺矣。""仁者安仁"，是我现在决定走在人生正途，决定做好人，那么我做好事很自然，因为真诚，由内产生力量；"知者利仁"，表示一个聪明的人知道行仁对自己有利，因为明白人性向善的道理。这就好像一个企业家要给灾区捐款，如果真要行仁的话，根本不在乎别人是否知道，这叫做安仁，做自己该做的事情，做的时候心里愉快。如果他捐款之后，宣布是谁捐的，捐了多少，这对公司也有利，因为捐款消息一公布，他的广告效果远远超过花钱登广告，这是“知者利仁”。所以，儒家不光教你做好人、做好事，同时也说明做好事对你自己是有利的，因为他会使你向善的人性不断得到实现的机会，感觉生命的充实和圆满。当然最高境界还是安仁，只是为了我该做，我就做。

【延伸阅读】

君子无终食之间违仁

【原文】

子曰："富与贵，是人之所欲也；不以其道得之，不处也。贫与贱，是人之所恶也；不以其道得之，不去也。君子去仁，恶乎成名？君子无终食之间违仁，造次必于是，颠沛必于是。"（《论语·卷二·里仁第四》）

【译】

孔子说："富有与尊贵是每一个人都想要的。如果不依正当的途径而加于君子身上，他是不会接受的。贫穷与卑微，是每一个人都讨厌的。如果不依正当的途径加于君子身上，他是不会逃避的。君子如果离开了人生正途，那怎么成就他的名声，君子不会有哪怕一顿饭那样短的时间背离人生正途的，在匆忙急迫的时候坚持如此，在危险困顿的时候也坚持如此。"

【评】

为什么不依正当途径，给你富贵你不要，给你贫贱你居然接受？一般人的理解应该是：不依正当途径，给我富贵我不要，给我贫贱我也不要。但是，说实在的，富贵你不要，贫贱你能避得开吗？关于富贵和贫贱的问题，有见解的宗教学家和哲学家都有特殊的看法，孔子也一样。

富贵对人有某种诱惑，很容易因为富贵忘了根，忘了理想，所以，宗教学家和哲学家对富贵都有一定的戒心。但是，贫贱也不好，贫贱夫妻百事哀，一个人贫贱之后坚持理想也是不容易的。相较之下，儒家却坚持如果不依正当途径，给他富贵不要，却要接受贫贱。儒家认为，当你贫贱的时候，外面没有任何依靠，你反而比较容易收敛自己，回归内心思考人生何去何从。所以，有人说，孔子不是宗教学家，但是他的哲学有宗教的高度和宗教的情操在里面。

“君子去仁，恶乎成名？”一个品德高尚的人脱离了人生正途，你凭什么出名？靠有钱（富）出名，靠做官（贵）出名，都不算“志于仁”。而且在任何时候（匆忙、危险、困顿）都不能偏离人生正路，因为“道也者，不可须臾离也”。也就是在这时候，才能检验出你是否有行仁的决心和理想。

道二：仁与不仁而已

【原文】

孟子曰：“规矩，方圆之至也；圣人，人伦之至也。欲为君，尽君道；欲为臣，尽臣道。二者皆法尧舜而已矣。不以舜之所以事尧事君，不敬其君者也；不以尧之所以治民治民，贼其民者也。孔子曰：‘道二，仁与不仁而已矣。’暴其民甚，则身弑国亡；不甚，则身危国削，名之曰‘幽’‘厉’，虽孝子慈孙，百世不能改也。”（《孟子·卷七·离娄上（二）》）

【译】

孟子说：“圆规与曲尺，是制作方形与圆形的最高标准；圣人，是人类做人的最高典范。要做君主，就要充分践行君主的理想；要做臣子，就要充分实践臣子的理想。这两方面效法尧与舜就可以了。不以舜侍奉尧的方式去侍奉君主，就是不敬重他的君主；不以尧治理百姓的方式去治理百姓，就是伤害他的百姓。孔子说：‘道路只有两条，行仁与不行仁罢了。’虐待百姓太严重，就会自身被杀，国家灭亡；即使暴民不那样严重，也会自身危险，国家削弱，死后谥号叫做‘幽’和‘厉’，即使他有孝顺的子孙，一百代也无法更改。”

【评】

“道二，仁与不仁而已”，不仅君主治理百姓是如此，个人选择人生途径也是如此。“道二”，其实是“道一”，意即行仁才可以向上提升，不行仁就自取灭亡。

仁者以财发身，不仁者以身发财

【原文】

生财有大道：生之者众，食之者寡；为之者疾，用之者舒，则财恒足矣。仁者以财发身，不仁者以身发财。(《大学》)

【译】

累积钱财有根本的原则：生产的人多而吃饭的人少，工作的人勤快而花费的人迟缓，那么钱财总是够用的。行仁的人用钱财来发扬自身的价值，不行仁的人用自身的力量敛取钱财。

【评】

这是“发财”一词在中国古代典籍中的最早出处。东汉大儒郑玄将这句话注解为：“仁人有了财富则务于施与他人，以此来立身立名；不仁之人则将身心投入到敛财中去，以追求财富的积累。”如何处理仁德与财富的关系，是“以财发身”还是“以身发财”，是判断“仁”与“不仁”的标准。

仁德的人仗义疏财，用财物使下属和百姓得益，并把这个当作自己的追求，显示出“仁”的价值，这样的人，他的道德会日隆，威望会日高，人们会乐意为他尽忠义。所以聪明人在发财之后，是非常善于用财养德发德的，以便使下次发财有体可用，有资可用。若一味只顾发财，将所有的仁德都败光了，此时身家性命就不全乃至不存了，所发之财又做何用？没有仁德的人把自己的生命、人格、尊严都当作手段，为了钱财，不惜贪赃枉法、坑蒙拐骗，甚至以身试法，铤而走险。

为官者应当以自身道德的圆满为先，将财力用于完成自己的事业，而不应当利用自身的地位和权力，使自己沦为追逐财富的工具。古人的告诫，值得所有今人反思。

唯仁者能好人，能恶人

【原文】

子曰："唯仁者能好人，能恶人。"(《论语·卷二·里仁第四》)

【译】

孔子说："只有仁者能够做到喜爱好人，厌恶坏人。"

【评】

为什么只有仁者可以做到？因为一般人都是喜欢朋友，讨厌敌人。朋友好坏不管，只要是朋友我就喜欢，敌人好坏我也不管，只要是敌人、对手，我就讨厌。

但是，人是会变的，好人可能因为堕落变成坏人，坏人也可以因为改过而成为好人，人的生命充满动态的力量，你每天都在选择，选择错了要立刻改善。只有仁者可以喜欢好人，讨厌坏人。

【故事链接】

曾子易箦

曾子寝疾，病。乐正、子春坐于床下，曾元、曾申坐于足，童子隅坐而执烛。童子曰："华而睆，大夫之箦与？"子春曰："止！"曾子闻之，瞿然曰："呼！"曰："华而睆，大夫之箦与？"曾子曰："然。斯季孙之赐也，我未之能易也。元，起易箦！"曾元曰："夫子之病革矣，不可以变。幸而至于旦，请敬易之。"曾子曰："尔之爱我也不如彼。君子之爱人以德，细人之爱人也以姑息。吾何求哉？吾得正而毙焉，斯已矣。"举扶而易之，反席未安而没。(《礼记·卷三檀弓上》)

【译】

曾子病重躺在床上，很严重。乐正、子春坐在床旁边，曾元、曾申坐在床脚下，童仆坐在角落拿着蜡烛。童仆说："华美而圆润，（那是）大夫（才能享用）的竹席啊！"子春说："住嘴！"曾子听见这话，惊惧地说："啊！"（童仆又）说："华美而圆润，（那是）大夫（才能享用）的竹席啊！"曾子说："是的。那是季孙送的，我没有啊。（曾）元，（扶我）起来换竹席。"曾元说："您的病非常严重啊，不能移动（您的身体啊）。等到了早晨，（等天亮）一定遵从您的意思换了它。"曾子说："你爱我不如他（童仆）。君子爱人用德操，小人爱人是用姑息迁就。我还有什么需求啊？我能得到正道而死去，也就完满了。"扶着抬起（他的身体）然后更换竹席，（他）躺回席子上还没躺好就死了。

【短文欣赏】

爱莲说

周敦颐

【作者简介】

周敦颐（1017—1073 年），字茂叔，宋朝道州营道（现在湖南省道县）人。初为分宁（现在江西省修水县）主簿，后知南康军（现在江西省星子县一带）。他是宋朝理学的开山祖，著有《太极图说》《通书》及《周元公集》。宋朝有名的理学家程颢、程颐兄弟二人，都是他的弟子。前人称赞他"胸怀洒落，如光风霁月"。他家几代住在营道的濂溪。后来他住在庐山莲花峰前，峰下有溪，西北流合于湓江，他也名之为"濂溪"。学者称他濂溪先生。卒谥"元公"。

水陆草木之花，可爱者甚蕃。晋陶渊明独爱菊。自李唐来，世人甚爱牡丹。予独爱莲之出淤泥而不染，濯清涟而不妖，中通外直，不蔓不枝，香远益清，亭亭净植，可远观而不可亵玩焉。

予谓菊，花之隐逸者也；牡丹，花之富贵者也；莲，花之君子者也。噫！菊之爱，陶后鲜有闻；莲之爱，同予者何人？牡丹之爱，宜乎众矣！

【译】

水上陆上各种草、木的花，可爱的非常多。晋朝陶渊明唯独喜爱菊花。从唐朝以来，世上的人们非常喜爱牡丹。我唯独喜爱莲花，它从污泥中长出来，却不受到污染，在清水里洗涤后却不显得妖媚，它的茎中间贯通，外形挺直，不牵牵连连，不枝枝节节的，香气远播，更加清香，笔直地洁净地立在那里，可以远远地观赏但不能贴近去轻慢地玩弄啊。

我认为，菊花是花中的隐士；牡丹，是花中的富贵者；莲花，是花中的君子。唉！对于菊花的爱好，陶渊明以后很少听到了。对于莲花的爱好，像我一样的还有什么人呢？对于牡丹的爱好，人数当然就很多了。

【赏析】

公元1072年，周敦颐来到江西，创办了濂溪书院，从此开始设堂讲学，收徒育人。他将书院门前的溪水命名“濂溪”，并自号“濂溪先生”。因他一生酷爱莲花，便在书院内建造了一座爱莲堂，堂前凿一池，名“莲池”，以莲之高洁，寄托自己毕生的心志。先生讲学研读之余，常漫步赏莲于堂前。后造就一篇《爱莲说》，其佳句“出淤泥而不染，濯清涟而不妖，中通外直，不蔓不枝，香远益清，亭亭净植，可远观而不可亵玩焉”成为千古绝唱，至今仍脍炙人口。有的人能做到“出淤泥而不染”，但你能做到“濯清涟而不妖”吗？

第四章　成于仁

志士仁人，无求生以害仁，有杀身以成仁

【原文】

子曰："志士仁人，无求生以害仁，有杀身以成仁。"（《论语·卷八·卫灵公第十五》）

【译】

孔子说："有志者与行仁者不会为了活命而背弃人生理想，却肯牺牲生命成全人生理想。"

【评】

成语"杀身成仁"就出自这里。人的生命只有一次，人死不能复生，怎么可以随便谈到死呢？即使死也要告诉我理由何在。孔子说，志士、仁人这两种人的目标应该是一样的。志士是有志于行仁的人；仁人是正在行仁的人，他们不会为了活命而牺牲仁，仁，应该指人生理想。我这一生的目的就是成就这个理想，即使牺牲生命也在所不惜。此时，牺牲不是放弃，不是损失，而是获得和完成。如果不能了解生命的目的在于成就生命向善的要求并止于至善，就不易理解这句话的意思。

【延伸阅读】

求仁而得仁，又何怨

【原文】

冉有曰："夫子为卫君乎？"子贡曰："诺。吾将问之。"

入，曰："伯夷、叔齐何人也？"曰："古之贤人也。"曰："怨乎？"曰："求仁而得仁，又何怨！"出，曰："夫子不为也。"《论语·卷四·述而第七》

【译】

冉有说："老师会帮助卫国的国君吗？"子贡说："好，我去请教他。"子贡走进屋子对老师说："伯夷、叔齐是怎么样的人？"孔子说："古代的有才德的人呀。"子贡说："他们会抱怨自己的遭遇吗？"孔子说："他们所求的是仁，也得到了行仁的结果，还抱怨什么？"子贡走出屋子对冉有说："老师不会帮助卫国的国君的。"

【评】

这段话有个故事背景：孔子和弟子来到卫国，卫国正内乱。朱子注道："卫灵公逐其世子蒯（kuǎi）聩。公薨（hōng），而国人立蒯聩之子辄。于是晋纳蒯聩而辄拒之。时孔子居卫，卫人以蒯聩得罪于父，而辄嫡孙当立，故冉有疑而问之。"子贡没有直接问老师是否出来帮助卫国国君，他问伯夷和叔齐是什么样的人？伯夷和叔齐是周武王时代孤竹国国君的两个儿子，父亲死后，兄弟相让不当国君，到了周朝地方，正赶上周武王革命，把商纣推翻，两人不愿吃周朝食物，最后饿死在首阳山。就这件事情，子贡问老师他们死得那么惨，有没有后悔和抱怨呢？孔子说了一句很有名的话："求仁而得仁，又何怨"。表达了孔夫子坚持求仁而得仁的原则，由此知道，孔子不会在卫国做官。人活在世上必须想清楚，我要选择什么样的路走，甘心情愿，求仁得仁，就不会抱怨。

舍生而取义者也

【原文】

鱼，我所欲也；熊掌，亦我所欲也。二者不可得兼，舍鱼而取熊掌者也。生，亦我所欲也；义，亦我所欲也。二者不可得兼，舍生而取义者也。生亦我所欲，所欲有甚于生者，故不为苟得也；死亦我所恶，所恶有甚于死者，故患有所不避也。如使人之所欲莫甚于生，则凡可以得生者何不用也？使人之所恶莫甚于死者，则凡可以避患者何不为也？由是则生而有不用也，由是则可以避患而有不为也。是故所欲有甚于生者，所恶有甚于死者。非独贤者有是心也，人皆有之，贤者能勿丧耳。

一箪食，一豆羹，得之则生，弗得则死。呼尔而与之，行道之人弗受；蹴尔而与之，乞人不屑也。

万钟则不辨礼义而受之，万钟于我何加焉！为宫室之美，妻妾之奉，所识穷乏者得我与？乡为身死而不受，今为宫室之美为之；乡为身死而不受，今为妻妾之奉为之；乡为身死而不受，今为所识穷乏者得我而为之。是亦不可以已乎？此之谓失其本心。（《孟子·卷十一·告子上（十）》）

【译】

鱼，是我所想要的；熊掌，也是我所想要的。如果这两种东西不能同时得到，我就会舍弃鱼而选取熊掌。生命，也是我所想要的；道义，也是我所喜爱的。如果这两样东西不能同时得到，我就会舍弃生命而选取道义。生命是我所想要的，但我所想要的还有比生命更重要的东西，所以我不做苟且偷生的事情。死亡是我所厌恶的，但我所厌恶的还有比死亡更严重的事，所以有祸患我不躲避。如果人们所想要的东西没有能比生命更重要的，那么凡是可以保全生命的方法有什么不可以用的呢？如果人们所厌恶的事情没有比死亡更严重的，那么凡是可以躲避祸患的手段有什么不可以采用的呢？按照这种方法做就可以生存然而却不采用，按照这种方法做就可以躲避祸患然而却不去做。由此可见，他们所想要的东西有比生命更重要的，他们所厌恶的东西有比死亡更严重的。不仅仅是贤人有这种思想，每个人都有这种思想，只不过贤人能够操守这种道德，使它不丢失罢了。

一碗饭，一碗汤，得到它就可以活下去，失去它就要死。（如果）吆喝着给人（吃），就是过路的饥饿的人都不会接受；（踩踏过才）用脚踢着给人家，乞丐也因被轻视而不肯接受（不屑看他一眼）。

高位的俸禄如果不分辨是否合乎道义就接受了，那么这种高位厚禄对我有什么益处！是为了宫室的华美，为了妻妾的侍奉，为了所认识的穷人感激我吗？从前为了（道义）宁死也不肯接受（施舍），现在为了宫室的华美而接受了；从前为了（道义）宁死也不肯接受（施舍），现在为了妻妾的侍奉而接受了；从前为了（道义）宁死也不肯接受（施舍），如今却为了所熟识的穷人感激自己而接受了它。这种行为不是可以停止了吗？（如果不停止）这就是所说的丧失了人本来的思想，即羞恶之心。

【评】

“舍生取义”除了要有牺牲的准备之外，最难的是如何分辨什么是“义”。如今，我们不会像古人那样去“尽忠”，也不会像烈士在腥风血雨中献身。那么，舍生取义于我们又是何意呢？

有人会说，如今这“义”字，既非“忠义”，又非“正义”，而是“义气”。说起义气，自然会联想到“刘关张桃园三结义”，他们“不求同年同月同日生，但求同年同月同日死”。关羽死后，张飞难以抑制悲痛，借酒消愁，鞭挞士卒，命其连夜赶制孝服，结果招来杀身之祸。刘备发誓要踏平江东，不顾诸葛亮等人劝阻，率举国之兵讨伐东吴，结果被陆逊火烧连营七百里，几乎全军覆没，他本人也命丧白帝城。刘备和张飞为义气而丧失理智，给自己和国家带来灾难。

在今天和平环境中，我们虽不致牺牲生命，但“舍生取义”并非离我们而去。“舍生”已不限于舍弃生命，也包括与生命同等重要的个人利益。“取义”也已不限于正义，而是包括正义在内的一切公益。这种意义上的舍生取义，虽不像先前的义士、烈士那般气壮山河，但却是不可低估的一朵火花。星星之火可以燎原。只有平时肯为公益放弃个人利益，在关键时刻才会毫不犹豫地献出生命。

任重而道远

【原文】

曾子曰："士不可以不弘毅，任重而道远。仁以为己任，不亦重乎？死而后已，不亦远乎？"（《论语·卷四·泰伯第八》）

【译】

曾子说："读书人不能没有恢弘的气度与刚毅的性格，因为他们责任重大，途程遥远。以行仁为自己的责任，这个担子还不重吗？直到死才停下脚步，这个路程还不远吗？"

【评】

曾参这句话讲得非常好，曾影响了一代又一代的有理想、肯立志的读书人。"士"是读书人，读书所学为何？当然是立志，立什么样的志？当然是树立高尚的目标和理想，这样，没有恢弘的气度、刚毅的性格，就不能坚持下去，因为任重道远。对此，我们对曾参应该表示敬重。纵观《论语》，孔子的学生中很少主动说我要行仁，大部分都在问什么是仁？某某人符合仁的标准吗？在孔子的学生中，曾参不是最优秀的，但是他肯用功。晚年参悟孔子的仁的道路就是：志于仁、立于仁、成于仁。

【故事链接 1】

伯夷叔齐列传

司马迁

夫学者载籍极博，犹考信于六艺。《诗》《书》虽缺，然虞、夏之文可知也。尧将逊位，让于虞舜，舜、禹之间，岳牧咸荐，乃试之于位，典职数十年，功用既兴，然后授政，示天下重器。王者大统，传天下若斯之难也。而说者曰：尧让天下于许由，许由不受，耻之逃隐。及夏之时，有卞随、务光者。此何以称焉？太史公曰：余登箕山，其上盖有许由冢云。孔子序列古之仁圣贤人，如吴太伯、伯夷之伦详矣。余以所闻由、光义至高，其文辞不少概见，何哉？

孔子曰："伯夷、叔齐，不念旧恶，怨是用希。""求仁得仁，又何怨乎？"余悲伯夷之意，睹轶诗可异焉。其传曰：伯夷、叔齐，孤竹君之二子也。父欲立叔齐，及父卒，叔齐让伯夷。伯夷曰："父命也。"遂逃去。叔齐亦不肯立而逃之。国人立其中子。于是伯夷、叔齐闻西伯昌善养老，"盍往归焉！"及至，西伯卒，武王载木主，号为文王，东伐纣。伯夷、叔齐叩马而谏曰："父死不葬，爰及干戈，可谓孝乎？以臣弑君，可谓仁乎？"左右欲兵之。太公曰："此义人也。"扶而去之。武王已平殷乱，天下宗周，而伯夷、叔齐耻之，义不食周粟，隐于首阳山，采薇而食之。及饿且死，作歌。其辞曰："登彼西山兮，采其薇矣。以暴易暴兮，不知其非矣。神农、虞、夏忽焉没兮，我安适归矣？于嗟徂兮，命之衰矣！"遂饿死于首阳山。由此观之，怨邪非邪？

或曰："天道无亲，常与善人。"若伯夷、叔齐，可谓善人者非邪？积仁絜行如此而饿死！且七十子之徒，仲尼独荐颜渊为好学。然回也屡空，糟糠不厌，而卒蚤夭。天之报施善人，其何如哉？盗跖日杀不辜，肝人之肉，暴戾恣睢，聚党数千人，横行天下，竟以寿终。是遵何德哉？此其尤大彰明较著者也。若至近世，操行不轨，专犯忌讳，而终身逸乐，富厚累世不绝；或择地而蹈之，时然后出言，行不由径，非公正不发愤，而遇祸灾者，不可胜数也。余甚惑焉，傥所谓天道，是邪非邪？

子曰："道不同不相为谋"，亦各从其志也。故曰："富贵如可求，虽执鞭之士，吾亦为之。如不可求，从吾所好。""岁寒，然后知松柏之后凋。"举世混浊，清士乃见。岂以其重若彼，其轻若此哉？

"君子疾没世而名不称焉。"贾子曰："贪夫徇财，烈士徇名，夸者死权，众庶冯生。"同明相照，同类相求。"云从龙，风从虎，圣人作而万物睹。"伯夷、叔齐虽贤，得夫子而名益彰。颜渊虽笃学，附骥尾而行益显。岩穴之士，趣舍有时若此类名堙灭而不称，悲夫！闾巷之人，欲砥行立名者，非附青云之士，恶能施于后世哉？

【译】

有学问的人，阅览的书籍极为广博，但仍然要从“六艺”中查考可信的依据。《诗经》《尚书》虽残缺不全，然而有关虞舜、夏禹史事的记载还是可以看到的。尧将要退位时，决定禅让给舜。而舜以及后来的禹在即位前，四岳、九牧都推荐了他们，让他们担任职务，试行执政，掌管职务几十年。待到他们的功绩已经建立，才正式把帝位传给他们，出示国家的重器。帝王是最高的权位，传交帝位是这样的慎重！但是，有的人说：尧要将帝位让给许由，许由不肯接受，并以此为耻而逃走隐居起来。到了夏代，又有卞随、务光两个人不肯接受帝位，双双投水而死。这些说法是根据什么呢？太史公说：我曾经登上箕山，那上面居然有许由的墓呢。孔子论述古代的仁人、圣人和贤能之人，像吴太伯、伯夷一类，记载十分详尽。我所听说许由、务光，他们的德义极高，而有关他们的文字经书里记载得很少，这是为什么呢？

孔子说：“伯夷、叔齐，不记旧仇，因此恩怨很少。”又说，他们“追求仁而得到正是仁，又有什么可怨恨的呢？”我对伯夷兄弟互相让位和不食周朝粮食而饿死的意志深表同情，读到他们遗散的诗，似乎还是有怨意，令人感到诧异。他们的传文里写道：伯夷、叔齐，是孤竹君的两个儿子。父亲想立叔齐为君，等到父亲死后，叔齐又让位给长兄伯夷。伯夷说：“这是父亲的决定啊！”于是就逃离了孤竹国。叔齐也不肯继承君位而逃离了。国中的人就只好立孤竹君的另一个儿子为国君。正当这个时候，伯夷、叔齐听说西伯姬昌敬养老人，便商量着说：我们何不去投奔他呢？等到他们到达那里的时候，西伯已经死了，他的儿子武王用车载着灵牌，追封西伯为文王，正向东进发，讨伐纣王。伯夷、叔齐拉住武王的马缰绳劝阻说：“父亲死了不去安葬，竟然大动起干戈来，能说得上是孝吗？身为臣子却要弑杀君王，能说是仁吗？”武王身边的人要杀死他们，太公姜吕尚（字子牙）说：“这是两位有节义的人啊！”扶起他们，送走了。武王平定殷纣之乱以后，天下都归顺于周朝，而伯夷、叔齐以此为耻，坚持节义，不吃周朝的粮食，隐居于首阳山，采集薇蕨来充饥。待到饿得快死了的时候，作了一首歌，歌词说：“登上首阳山，采薇来就餐，残暴代残暴，不知错无边？神农虞夏死，我欲归附难！可叹死期近，生命已衰残！”就这样饿死在首阳山。从这种情况看，伯夷、叔齐是怨还是不怨呢，自有公论。

有人说：“上天待人的准则是没有偏私，总是向着为善之人的。”那么，像伯夷、叔齐，可以叫做善人还是不算善人呢？这样仁德纯厚、品行高洁的人竟然会饿死！再说，在七十个弟子中，孔子仅仅称举颜渊是最好学的人，但颜渊常常遭受贫困之苦，连糟糠都吃不饱，终于过早地死去了。上天对善人的报施，又怎么样呢？盗跖成天杀害无辜的人，吃人的心肝，凶横残暴，无法无天，聚集党徒数千人，横行于天下，竟活到高龄寿终正寝。这又是根据什么仁德呢？这都是些特别彰明显著的例子。如果说到近世，有些人操行不规矩，专事违犯法纪，却终身享受安逸和快乐，财产富厚，子孙世代享用不绝。有的选好了道路才下脚，看准了时机才说话，走路都不走小道，不是公平正当的事决不奋力去做，反而自身遭受灾难，像这种情况是多得没法数的。对此我感到困惑不解。如果说这便是天道，那这天道究竟合理呢，还是不合理呢？

孔子说过，“道德见解不同是不能共同谋划事情的”，也只能各自依照自己的意愿行事罢了。所以他说，“富贵如能追求到手，即使让我执鞭为马夫，我也愿意干。如果不能求得富贵，那就按照我所喜好的去做吧。”“到了年末最寒冷的季节，才知道松柏是最后落叶的”。整个世道都浑浊污秽的时候，品行高洁的人才显现出来。这或许是因为俗人把富贵看得那样的重，而高洁之士对富贵都看得这样轻吧！

孔子说：“有道德的人最怕的是死后名声不被称道。”贾谊说：“贪婪的人为财而丢命，壮烈之士为名而献身，夸耀权势的人死于争权，普通百姓爱惜自己的性命。”《易经·乾卦》说：“同声相应，同气相求。”我可以说：“同明相照，同类相求”（即同具有光芒的便会互相映照，同属一类的便会彼此应求）。《易经·乾卦》上还说：“云从龙，风从虎；圣人作而万物睹。”意思是说，“圣人兴起而世间万物也会随之兴起。”伯夷、叔齐虽是贤人，不过因为孔子的赞扬而声名更为显赫。颜渊虽然专心好学，也不过因为如同附在千里马的尾巴上紧紧追随于孔子之后而使自己德行越发显露。居位于山岩洞穴的隐士，或成名于世，或湮没无闻，都在于时运，像这类名声湮灭而不被后世所称道的，实在是可悲呀！普通的人，想修养品德，建立名声，不追随名望地位极高的人，哪能留芳名于后世呢？

【故事链接 2】

荀巨伯探友

荀巨伯【东汉时人，生平不详，东汉桓帝的义士】远看友人疾，值胡贼攻郡，友人语巨伯曰："吾今死矣，子可去。"巨伯曰："远来相视，子令吾去；败义以求生，岂荀巨伯所行邪！"贼既至，谓荀巨伯曰："大军至，一郡尽空，汝何男子，而敢独止？"巨伯曰："友人有疾，不忍委之，宁以我身代友人命。"贼相谓曰："我辈无义之人，而入有义之国。"遂班军而还，一郡并获全。(《世说新语·德行》)

【译】

荀巨伯到远方探望生病的朋友，正好遇上匈奴人来攻城。友人对巨伯说："我是快死的人了，你赶快走吧！"荀巨伯说："我远道而来探望你，你却要我离开；败坏道义来乞求活命，难道是我荀巨伯所能做得出来的吗？"等到贼兵到了，问荀巨伯："大军一到，全城的人都逃走了，你是什么人，竟敢独自留在这里？"荀巨伯回答说："友人生了重病，我不忍心抛下他，宁愿用我的性命来换取他的生命！"匈奴人听了相互说："我们这些不讲道义的人，竟攻入了一个讲道义的国家！"于是调整个军队回去了，全城因此得到保全。

【诗歌欣赏 1】

狱中题壁

谭嗣同

【作者简介】

谭嗣同（1865—1898 年），字复生，号壮飞，又号华相众生。湖南浏阳人。少时博览群书，并致力于自然科学的探讨，鄙视科举，喜好今文经学。

后为新疆巡抚刘锦堂幕僚，曾往来于直隶、甘肃、新疆、陕西、河南、湖北、湖南、江西、江苏数省，察视风土，结交名士，有“风景不殊，山河顿异；城郭犹是，人民复非”的感慨。1895年中日《马关条约》签订，他异常不满，即努力提倡新学，呼号变法，并在家乡组织学社，集同志讲求钻研，同时在南台书院设立史学、掌故、舆地等新式课程，开湖南全省维新风气之先。1896年2月入京，结交梁启超、翁同龢等人。旋奉父命，入赀为江苏候补知府，供职南京。曾游历天津、湖南、湖北等地。同年底重抵南京，闭户养心读书，成《仁学》二卷。他认为世界是由物质的原质所构成，其本体是“仁”，世界的存在和发展都是由于“仁”的作用，故称其哲学为“仁学”。“仁”是万物之源，它“以通为第一义”。而“以太”则是沟通世界成为一个整体的桥梁。由于“以太”“不生不灭”，所以就肯定了自然界和人类社会不是静止的、停顿的，而是不断运动、变化和发展的，批判了“天不变，道亦不变”的顽固思想，从变易中论证其改革社会制度的政治理想。并且认为封建“名教”是维护专制主义的精神支柱，号召人们冲决君主、伦常、利禄、俗学、天命、佛法等封建网罗。对秦汉以来封建专制制度的抨击尤为猛烈，认为君主专制是一切罪恶的渊薮，提出“彼君之不善，人人得而戮之”。在批判专制制度的同时，还提出了发展资本主义的政治、经济以及变法等主张。1897年，协助湖南巡抚陈宝箴等人设立时务学堂，筹办内河轮船、开矿、修筑铁路等新政。1898年，创建南学会，主办《湘报》，积极宣传变法，成为维新运动的激进派。同年4月，得翰林院侍读学士徐致靖推荐，被征入京，擢四品卿衔军机章京，与林旭、杨锐等人参与新政，时号“军机四卿”。当宫中后党密谋政变，光绪帝传密诏康有为等设法相救时，即“拔刀以救上自任”。9月8日夜，赴北京法华寺访袁世凯，请袁发兵相救。袁佯为应允。9月20日袁回天津向荣禄告密。9月21日，政变遂起。9月25日被捕，9月28日与林旭等5人同时被害。时年33岁。临刑绝命词为“有心杀贼，无力回天，死得其所，快哉快哉！”生平遗著编入《谭嗣同全集》。

1898年6月11日，光绪皇帝颁布“明定国是”诏书，宣布变法。1898年9月21日，慈禧太后就发动政变，囚禁光绪皇帝并开始大肆搜捕和屠杀维新派人物。谭嗣同当时拒绝了别人请他逃走的劝告（康有为经上海逃往香港，梁启超经天津逃往日本），决心一死，愿以身殉法来唤醒和警策国人。他说：

“各国变法，无不从流血而成，今中国未闻有因变法而流血者，此国之所以不昌也。有之，请自嗣同始。”这首诗就是他就义前在狱中墙壁上题写下的绝笔之作。

望门投止思张俭，忍死须臾待杜根。
我自横刀向天笑，去留肝胆两昆仑。

【赏评】

据《后汉书党锢列传》记载，张俭是东汉后期高平人，因严劾宦官侯览及其家属为非作歹，为太学生所敬仰。后因党锢之祸，被迫逃亡，人们敬重他的人品，都冒着灭族的危险接待他。《后汉书·张俭传》说，张俭“亡命遁走，望门投止重名行，破家相容。”“其所经历，伏重诛者以十数，宗亲并皆殄灭，郡县为之残破。”“望门投止思张俭”，是指找上门请人留宿，很多人为收留他遭满门抄斩。

“忍死须臾待杜根”，《后汉书·杜根传》记载，杜根性格耿直，东汉安帝时任郎中，时邓太后摄政，杜根上书求太后归政，太后大怒，命人将他装在麻袋摔死，执法官示意施刑人手下留情，载出城外待其苏醒，太后派人查看，杜根装死三日，目中生蛆，躲了15年，后复出，官拜御史。

谭嗣同在诗中提到历史上两人的遭遇，但是，不愿意选择他们的避难方式，他不愿意逃走给别人添麻烦，也不可能凭借执法者手下留情暂时躲过一死，他要以“我自横刀向天笑”的方式，大义凛然去刑场就义。“去留肝胆两昆仑”，是无论生还是死都是堂堂正正的中国人。“去留”应作生死讲，嵇康《琴赋》有“委生命兮任去留”，陶渊明《归去来兮辞》也有“曷不委心任去留”。

关于谭嗣同的死有多种解释，有说是对变法维新有个交代，有说是为了报答光绪帝的知遇之恩，有说是为了支持变法继续走改良的路，有说由此证明改良路走不通，只能革命，有说是为了害怕连累家人。不管出于什么原因，他视死如归的态度真是难得。能做到如此，内心非有强大的力量才行，这种力量绝不可能是“愚忠”，因为他一生反对“愚忠”，那很可能就是信仰。慷慨捐生易，从容就死难，很多记载都说他可以不死，为什么选择死亡，似乎用死给后人证明什么？如果是这样的话，这种死就是成功的一段，所谓“杀身成仁”。

试比较一下，有人太斤斤计较个人利害，有人意气用事，贸然牺牲，并不能产生深远影响。太多叱咤一时的风云人物随滔滔江水淹没，而年仅33岁的谭嗣同的死却留下了重彩的一笔。

【诗歌欣赏2】

放言

白居易

【写作背景】

白居易七律《放言五首》，是一组政治抒情诗。诗前有序：“元九在江陵时有《放言》七句诗五首，韵高而体律，意古而词新。……予出佐浔阳，未届所任，舟中多暇，江上独吟，因缀五篇，以续其意耳。”据序文可知，这是815年（唐宪宗元和十年），诗人被贬赴江州途中所作。当年六月，诗人因上疏急请追捕刺杀宰相武元衡的凶手，遭当权者忌恨，被贬为江州司马。诗题“放言”，就是无所顾忌，畅所欲言。组诗就社会人生的真伪、祸福、贵贱、贫富、生死诸问题纵抒作者的己见，宣泄了对当时朝政的不满和对作者自身遭遇的愤愤不平。这是其中第三首。

赠君一法决狐疑，不用钻龟与祝蓍。
试玉要烧三日满，辨材须待七年期。
周公恐惧流言日，王莽谦恭未篡时。
向使当初身便死，一生真伪复谁知。

【译】

我送给你一种解疑的办法，这个办法不需龟甲与蓍草茎来占卜吉凶。

检验玉真假还需要烧满三天，辨别木材还要等七年以后。

周公害怕流言蜚语的日子，王莽篡位之前毕恭毕敬。

假使这人当初就死去了，一生的真假又有谁知道呢？

【赏评】

这是一首富有理趣的好诗。它以极通俗的语言说出了一个道理：对人、对事要得到全面的认识，都要经过时间的考验，从整个历史去衡量、去判断，而不能只根据一时一事的现象下结论，否则就会把周公当成篡权者，把王莽当成谦恭的君子了。

诗人表示像他自己以及友人元稹这样受诬陷的人，是经得起时间考验的，因而应当多加保重，等待“试玉”“辨材”期满，自然会澄清事实，辨明真伪。这是用诗的形式对他自身遭遇进行的总结。

周公在辅佐成王的时期，某些人曾经怀疑他有篡权的野心，“将不利于孺子”，但历史证明他对成王一片赤诚，他忠心耿耿是真，说他篡权则是假。王莽在未取代汉朝政权时，假装谦恭，曾经迷惑了一些人；《汉书》说他“爵位愈尊，节操愈谦”。但历史证明他的“谦恭”是伪，代汉自立才是他的真面目。“向使当初身便死，一生真伪复谁知。”这是全篇的关键句。看来，不到生命的最后不能盖棺定论，这就是古人所说的“成于仁”。

第五章　仁之方

能近取譬，可谓仁之方也已

【原文】

子贡曰："如有博施于民而能济众，何如？可谓仁乎？"子曰："何事于仁，必也圣乎！尧舜其犹病诸！夫仁者，己欲立而立人，己欲达而达人。能近取譬，可谓仁之方也已。"（《论语·卷三·雍也第六》）

【译】

子贡说："如果有人普遍照顾百姓，又能济助众人，这样如何呢？可以称得上仁吗？"孔子说："这样何止于仁，一定要说的话已经算是成圣了！连尧舜都会觉得难以做到呢！所谓仁，就是自己想建树的也帮助别人建树，自己想要通达时帮助别人也通达，能够由自己推及别人身上，这可以说是行仁的方法了。"

【评】

"己欲立而立人，己欲达而达人"这是一种比"己所不欲，勿施于人"更加积极的态度。"能近取譬"，意思是能够用自己打比方，设身处地，推己及人，这就是行仁的方法。今天的换位思考也有点这个意思。能换位思考，人与人之间就比较好沟通了。对于"博施""济众"，孔子评价不低，把它算作成圣之事，但它未能解决长久问题，从人性、人情角度看，"立"和"达"才是成就人的根本。

【延伸阅读】

强恕而行，求仁莫近焉

【原文】

孟子曰："万物皆备于我矣。反身而诚，乐莫大焉。强恕而行，求仁莫近焉。"（《孟子・卷十三・尽心上》）

【译】

孟子说："一切在我身上都齐备了。反省自己做到了完全真诚，就没有比这更大的快乐了。努力实践推己及人的恕道，就没有更近的路可以达到仁德了。"

【评】

恕，从心，从如，见《说文》，乃推己心及人心之意。

如心即"真如之心"，真如就是宇宙一体、觉悟通达之意，是人与生所俱有。明白宇宙和我们本来是一体，则慈愍之心、宽恕之心便油然而生。

我们常说推己及人，就是将心比心，能把他人当作自己来看待。因此，"恕"不仅是待人接物最好的方法，也是古圣先贤笃行的美德。

君不闻："夫子之道，忠恕而已矣"！至圣孔夫子不仅自己力行之，也如是教诲自己的弟子。当子贡问曰："有一言可以终身行之者乎？"子曰："其恕乎！己所不欲，勿施于人。"继之后，孔夫子进一步推进，诲于子贡曰："子欲立而立人，子欲达而达人"。

的确，人能时时刻刻为别人着想，心怀全体人类的福祉，这种仁慈博爱的精神，就是行恕道的至高表现！孟子曰："老吾老以及人之老，幼吾幼以及人之幼"，也是恕道中大慈爱的发挥！

"恕"在人际交往中是赢得"人和"的最佳良方。因为，如果我们能常用同理心来关怀别人，设身处地留意周遭的人，就能化解许多现实生活中的冲突与舒解紧张的压力。

其实建立和睦相处、互利互助的人际环境并非困难，就从"恕"字入手，从自己做起，则宽舒的心情、温暖的家、和谐的工作气氛、健康和乐的社会，不远矣。

仲弓问仁

【原文】

仲弓问仁。子曰："出门如见大宾，使民如承大祭。己所不欲，勿施于人。在邦无怨，在家无怨。"仲弓曰："雍虽不敏，请事斯语矣。"(《论语·卷六·颜渊第十二》)

【译】

仲弓请教如何行仁。孔子说："走出家门就像是去接待重要宾客，使唤百姓就像是承办重要的祭典。自己不喜欢的，不要加在别人身上。在诸侯国服务没有人对自己怨恨，在卿大夫的封地也没有人对自己怨恨。"仲弓说："我虽然不够聪明，对这些话也要努力做到。"

【评】

孔子因材施教，孔子称仲弓"可使南面"，意思是管理百姓的有为人才。所以，孔子从为政角度告诉仲弓如何行仁。第一，高居上位的人，一言一行都是百姓的示范，孔子提醒学生，走出家门就像接待重要宾客一样庄严肃穆，让百姓做事就像承办祭典一样谨慎；第二，与别人相处，己所不欲，勿施于人；第三，在邦无怨，在家无怨。

司马牛问仁

【原文】

司马牛问仁。子曰："仁者其言也讱。"曰："其言也讱，斯谓之仁已乎？"子曰："为之难，言之得无讱乎？"(《论语·卷六·颜渊第十二》)

【译】

司马牛请教如何行仁。孔子说："行仁说话要非常谨慎。"司马牛再问："说话非常谨慎，就可以称得上是行仁了吗？"孔子说："做起来不容易，说起话来能不谨慎吗？”

【评】

在孔门弟子中，司马牛这个学生层次、理解力都比较低。后代学者往往认定司马牛有一个毛病，“多言而躁”，所以，孔子给司马牛建议“其言也讱”。我们一些人说话确实不够谨慎，太直率，有时伤了人还不知。孔子对司马牛的这个建议也适合我们。

子贡问为仁

【原文】

子贡问为仁。子曰："工欲善其事，必先利其器。居是邦也，事其大夫之贤者，友其士之仁者。"（《论语·卷八·卫灵公第十五》）

【译】

子贡请教如何行仁？孔子说："工匠想要做好他的工作一定要先磨砺他的器具。你居住在这个国家，就要为那些大夫中的贤人服务，并且与那些人中的仁人交朋友。"

【评】

“近朱者赤，近墨者黑”。如果只靠自己走上人生正路（行仁），那比较困难。独学无友，则孤陋寡闻。与正在努力走上人生正路的人交往，就好像走了一条捷径，工具得手，效果自然就好了。

以文会友，以友辅仁

【原文】

曾子曰："君子以文会友，以友辅仁。"（《论语·卷六·颜渊第十二》）

【译】

曾子说："君子凭文章学问来交朋友，再以这样的朋友帮助自己培养仁德。"

【评】

交朋友总要有共同点，不能老谈投资、股票、生意。"文"是文学、文艺、文化，就是人一生受教育所学到的素养。"文"的范围很广，有些人喜欢诗词歌赋，有些人喜欢琴棋书画。"以文会友"，朋友相处不会有太大压力，轻松愉快；一个人走路很辛苦，有时会感觉孤单，很容易丧失信心，与朋友在一起，相互扶持，就会好很多。"以友辅仁"，朋友应该是帮助你走上人生正途、修炼仁德的人。这句话也造就了一所大学的校名："辅仁大学"——北京师范大学的前身。

能行五者于天下，为仁矣

【原文】

子张问仁于孔子。孔子曰："能行五者于天下，为仁矣。"请问之。曰："恭、宽、信、敏、惠。恭则不侮，宽则得众，信则人任焉，敏则有功，惠则足以使人。"（《论语·卷九·阳货第十七》）

【译】

子张向孔子请教行仁，孔子说："做人处事能符合五点要求就是仁了。"子张请教五点要求。孔子说："庄重、宽厚、诚实、勤敏、慈惠。庄重就不会遭到侮辱，宽厚就会得到众人的拥护，诚实就会得到别人的信任，勤敏就容易获得成功，慈惠就能领导别人。"

【评】

孔子讲仁，配合着不同的人、同一个人不同的阶段、不同的场合有不同的回答，这就是因材施教。子张是孔子所知弟子中最年轻的，比孔子小四十八岁。孔子只是告诉这个年轻的学生，你应该在这五个方面努力，并且一一说明理由。恭，是对自己要庄重，其行己也恭，就不会招来侮辱。年轻人在社会上做事，如果自己很庄重，别人就不会随便拿你开玩笑了；宽，是对别人要宽厚大度；信，就是诚实无欺；敏，做事勤敏快捷，绝不耽误时间；惠，就是慈惠，做了官，有了钱要施惠给老百姓。五点之间没有什么逻辑关系，但与子贡总结的五个字“温、良、恭、俭、让”很接近。孔子从来不会脱离人际关系去讨论怎样立身处世。你要修养自己吗？你要走上人生正途吗？那就在人际关系中，尽你所能去实践。

仁者如射

【原文】

孟子曰："矢人岂不仁於函人哉？矢人唯恐不伤人，函人唯恐伤人。巫匠亦然。故术不可不慎也。孔子曰：'里仁为美。择不处仁，焉得智？'夫仁，天之尊爵也，人之安宅也。莫之御而不仁，是不智也。不仁、不智、无礼、无义，人役也。人役而耻为役，由弓人而耻为弓，矢人而耻为矢也。如耻之，莫如为仁。仁者如射，射者正己而后发；发而不中，不怨胜己者，反求诸己而已矣。"(《孟子·卷三·公孙丑上（七）》)

【译】

孟子说："制箭的难道比制铠甲的更为残忍吗？制箭的唯恐不射伤人，制铠甲的唯恐人被射伤。治病的巫医与制棺的木匠之间的关系也是如此。所以选择谋生之术不能不慎重啊。孔子说：'住在仁德的地方才最理想。选择住处而错过了有仁德的地方，怎么算得上明智呢？'仁德是天所赋予的尊贵爵位，是人所拥有的安定住宅，没有人阻挡而不行仁，是不明智的。无仁德、不明智、不守礼、无义行，这种人只能做仆役。做仆役又以被人役使为耻，就像制弓的人觉得制弓可耻，制箭的人觉得制箭可耻一样。如果觉得可耻，不如就行仁。行仁的人有如比赛射箭，射箭的人端正自己的姿势再发箭；如果没有射中，不抱怨胜过自己的人，而反过来在自己身上找原因。"

【评】

射为古代六艺之一，“以艺见道”是中华文化的特色。所谓“志于道、据于德、依于仁，游于艺”。《礼记·射义》是这样定义的：“故射者，进退周还必中礼；内志正，外体直；然后持弓矢审固，持弓矢审固，然后可以言中。此可以观德行矣。”射者，仁之道也。

对此，王阳明在《观德亭记》中有更深刻的认识：“君子之于射也，内志正，外体直，持弓矢审固，而后可以言中。故古者射以观德。德也者，得之于其心也。君子之学，求以得之于其心，故君子之于射以存其心也。是故燥于其心者其动妄；荡于其心者其视浮；歉于其心者其气馁；忽于其心者其貌惰；傲于其心者其色矜；五者，心之不存也。不存也者，不学也。君子之学于射，以存其心也。是故心端则体正；心敬则容肃；心平则气舒；心专则视审；心通故时而理；心纯故让而恪；心宏故胜而不张，负而不弛。七者备而君子之德成。君子无所不用其学也，于射见之矣。故曰：为人君者以为君鹄；为人臣者以为臣鹄；为人父者以为父鹄；为人子者以为子鹄。射也者，射己之鹄也；鹄也者，心也；各射己之心也，各得其心而已。故曰：可以观德矣。”

博学而笃志，切问而近思，仁在其中矣

【原文】

子夏曰：“博学而笃志，切问而近思，仁在其中矣。”（《论语·卷十·子张第十九》）

【译】

子夏说：“广泛学习且能坚守自己的志向，恳切地提出疑问，联系当前新近的情况思考，仁就在这里面了。”

【评】

这是子夏个人的心得。宋朝学者朱熹的《近思录》就是据此得名。孔子说过，行仁之方就是能近取譬。“近”就是近从我身来了解别人，换句话说，就是设身处地为别人着想。

【故事链接 1】

徐孺下陈蕃之榻

徐穉字孺子，豫章南昌人也。家贫，常自耕稼，非其力不食。恭俭义让，所居服其德。屡辟公府，不起。

时陈蕃为太守，以礼请署功曹，穉不免之，既谒而退。蕃在郡不接宾客，唯穉来特设一榻，去则悬之。后举有道，家拜太原太守，皆不就。（《后汉书·卷五十三徐穉传》）

【译】

徐穉，字孺子，豫章郡南昌县人。家里很穷，常常亲自耕种，不是自己的劳动所得就不吃。做人谦恭节俭仁义谦让，周围的人都佩服他的品德。屡次被公府征召，他都不肯就任。

当时陈蕃任豫章郡太守，按照礼节请求徐穉暂时代理功曹一职，徐穉无法推辞，拜见陈蕃之后就退回去了。陈蕃在郡府不接待宾客，只有徐穉来，才特意摆设一副坐榻，徐穉离开后就把它悬挂起来。后来徐穉因有德而被举荐，在家里被授予太原太守的职务，但他都没有就任。

【故事链接 2】

管宁割席

管宁、华歆共园中锄菜。见地有片金，管挥锄与瓦砾不异，华捉而掷去之。又尝同席读书，有乘轩冕过门者，宁读书如故，歆废书出观。宁割席分坐，曰："子非吾友也。"（《世说新语·德行》）

【译】

管宁和华歆同在园中锄草，看见地上有一片金子，管宁仍依旧挥动着锄头不停，把它和看到瓦片石头一样没有区别，华歆高兴地拾起金片而后又扔了它。后来，他们同坐在同一张席子上读书，有个坐着华贵车辆带着官帽的人刚好从门前经过，管宁还像原来一样读书，华歆却放下书出去观看。管宁割断席子和华歆分开坐，说："你再也不是我的好朋友了。"

【故事链接3】

青白眼

籍又能为青白眼，见礼俗之士，以白眼对之。及嵇喜来吊，籍作白眼，喜不怿而退。喜弟康闻之，乃赍酒挟琴造焉，籍大悦，乃见青眼。由是礼法之士疾之若仇，而帝每保护之。(《晋书·阮籍传》)

【译】

阮籍又会做青白眼，见到崇尚礼义的世俗之士，就用白眼相对。嵇喜前来吊丧时，阮籍便用白眼看他，嵇喜很不高兴地退了出去。嵇喜的弟弟嵇康听说之后，便带着酒，挟着琴造访了他，阮籍很高兴，便现出青眼。因此礼义世俗之士嫉恨他如仇人，而文帝司马昭总是保护他。

【故事链接4】

范仲淹苏州办学

宋仁宗明道二年（1033年）12月，范仲淹被仁宗罢免了右司谏之职，贬为睦州知州。《宋史》载："明道二年三月，刘太后撒手人寰西归，仁宗亲政，朝政一新。原先上疏忤刘太后的官员相继得到提拔重用。四月，范仲淹被召回，除右司谏。是年岁末，在宰相吕夷简的支持下，仁宗废黜郭皇后。台谏在孔道辅和范仲淹的率领下，群起力争，被责问得张口结舌、理屈词穷的吕夷简玩弄阴谋手法，请台谏次日上朝力陈；仁宗连夜下诏旨，分贬台谏领袖孔、范出知泰州、睦州，天明即押出国门。”

宋仁宗景佑元年（1034 年）正月，范仲淹怀着一腔委屈与不平，匆匆离京汴梁，奔睦州赴任。任职半年即与景祐元年之秋调至其桑梓之地，有人间天堂之称的苏州。然此时迎接他的是：“至还郡中，灾困之氓，其室十万。疾苦纷沓，夙夜营救。”半年后，范仲淹完成治水任务。这是范仲淹第一次回归故里，虽非衣锦还乡，也算荣归桑梓。拜访范氏长辈，看过苏州祖居后，他对祖辈创业精神由衷钦佩，因此萌生了在故乡购置土地建造新居之想法。经亲友四处访视，相中南园旁边的一块土地，此地与名园沧浪亭相望。南园为五代吴越广陵王钱氏家府旧址，后又为中吴军节度使孙承祐所筑。朱长文《修学记》中记载：“始，姑苏郡城之东南，有夫子庙，所处隘陋。范文正公以天章阁待制守是邦，欲迁之高显。相地之胜，莫如南园。南园者，钱氏之所作也，高木清流，交荫环丽，乃割其隅……”

为慎重起见，范仲淹请来阴阳家。阴阳家看后称：此地坐落卧龙街上，街北为北寺塔龙尾，南园正好是龙头之位，乃姑苏城风水宝地。如能在此兴建家宅，子孙后代必将科举及第，公卿将相，荣华富贵，万世不竭。而范仲淹想到的是：“吾家有其贵，孰若天下之士咸教育于此。贵将无已焉。”景祐二年（1035 年），时任苏州郡守的范仲淹，应地方人士朱公绰（朱长文之父）之请，奏请朝廷，获准给田五顷办学。范氏将已购拟作私宅的钱氏南园之地献出建府学（即今文庙址），并且首先把自己所得南园之地建为“义学”，希望“天下之士咸教育于此”，既成或以为太广，公曰：“吾恐异时患其隘耳。”此年，范仲淹聘胡瑗“为苏州教授，诸子从学焉”，同时亦给孙复写信，希望他到苏州“讲贯经籍，教育人材”。宋朱长文《吴郡图经续记》说：“吴郡昔未有学，以文请解者，不过数人。景祐中，范文正公以内阁典藩，而叹痒序之未立。我先君光禄，率州人请建学，文正公请于朝，奏可，割南园一隅以创焉。”

范仲淹创立的苏州府学不仅在苏州地区为最早的一所官办学校，而且在全国范围内也属第一所州府级学校。在唐以前，苏州没有学校，学生主要请私塾老师“传道授业解惑”。郑元祐在《学门记》中说：“天下郡学莫盛于宋，然其始衣于吴中，盖范文正公以宅建学，延胡安定为师，文教自此兴焉。”王泽民《苏州郡县范文正公祠记》说："吴学之兴始于文正范公。"杨载《平江路重修儒学记》："天下之有学自吴郡始。"清代思想家冯桂芬对苏州府学文庙的评价更高，他说："三代下学校之制，至范文正天章阁之议行而始大备。""天下各县之有学，自吴学始，迤逦至宋末二百年而学遍天下，吴学实得其先。"

范仲淹创立苏州府学后，由于府学独特而有效的教育方法，宋元明清四朝中，苏州文运昌盛，人才辈出。苏州碑刻博物馆（苏州文庙府学）有一块宋代《吴郡登科提名碑》（共两块，现仅存一块），碑上共刻有从北宋端拱元年（988年）至南宋绍兴十五年（1146年）244个苏州登科进士提名，总计462名进士提名。在他们中，有政治家，如身居要职的宰相丁谓、副宰相范仲淹、元绛、范纯仁、范纯大等。还有吏部侍郎钱象先、魏宪、潘宪、潘兑、唐辉、凌哲、边知白，枢密副使郑戬，尚书李弥大，侍郎李弥远等。另外还有对宋代政治、经济等做出贡献的，如科学家慎括、黄由、卫泾，文学家程师孟、蒋堂、叶梦得，大学者如龚程、龚况，政论家如叶清臣、钱象先、范思道、胡元质等。

苏州历史上除了唐代的七个状元以外，共有43个状元，其中一半出自苏州府学。明代全国共出状元89人，武状元11人。苏州共出了9名状元，其中文状元8名，占全国状元比例的十分之一，他们分别是施槃、吴宽、毛澄、朱希周、顾鼎臣、沈坤、申时行、文震孟、陈大猷。清代苏州状元更是名震天下。清代苏州社会经济、文化教育十分发达，全国出了文状元114名，其中苏州就有26名，占全国状元的四分之一。他们分别是：孙承恩、徐元文、缪彤、韩菼、彭定求、归允肃、陆肯堂、汪绎、王世琛、徐陶璋、汪应铨、彭启丰、毕沅、张书勋、陈初哲、钱棨、石韫玉、潘世恩、吴廷琛、吴信中、吴钟骏、陆增祥、翁同龢、翁曾源、洪钧、陆润庠。苏州状元、进士如此之多，这与范仲淹创办的苏州府学是分不开的，是苏州府学教育的结果，它为苏州文运之昌盛奠定了深厚的基础。

苏州府学发展到今天就成了苏州中学，苏州中学在其悠久的历史上素以名师众多、人才辈出而著称。近100年来，先后在此执教的名师有：国学大师罗振玉、王国维、钱穆，史学家吕思勉，文学家吴梅，语言学家吕叔湘，美术家颜文梁，人口地理学家胡焕庸等。"桃李门墙多俊彦"。先后在此就读的有：教育家叶圣陶，史学家胡绳、顾颉刚，版本目录学家顾廷龙，科学家钱伟长，作家陆文夫，还有中共早期领导人博古（秦邦宪）、美籍华人物理学家李政道等。据不完全统计，在苏州中学毕业，担任省部级领导的有 70 多名，担任大学校长的有 40 多名，当选为中国科学院院士或中国工程院院士的有 30 多名。

第六章　仁之效

仁者无敌

【原文】

梁惠王曰："晋国，天下莫强焉，叟之所知也。及寡人之身，东败于齐，长子死焉；西丧地于秦七百里；南辱于楚。寡人耻之，愿比死者壹洒之，如之何则可？"

孟子对曰："地方百里而可以王。王如施仁政于民，省刑罚，薄税敛，深耕易耨；壮者以暇日修其孝悌忠信，入以事其父兄，出以事其长上。可使制梃以挞秦楚之坚甲利兵矣。彼夺其民时，使不得耕耨以养其父母。父母冻饿，兄弟妻子离散，彼陷溺其民，王往而征之，夫谁与王敌？故曰：'仁者无敌。'王请勿疑！"（《孟子·卷一·梁惠王上（五）》）

【译】

梁惠王说："晋国曾一度在天下称强，这是老先生您知道的。可是到了我这时候，东边被齐国打败，连我的大儿子都死掉了；西边丧失了七百里土地给秦国；南边又受楚国的侮辱。我为这些事感到非常羞耻，希望替所有的死难者报仇雪恨，我要达到像这样的目的应该怎么做才对呢？"

孟子回答说："只要有方圆一百里的土地就可以以此称王。大王如果对老百姓施行仁政，减免刑罚，少收赋税，深耕细作，及时除草；让身强力壮的人抽出时间修养孝顺、尊敬、忠诚、守信的品德，在家侍奉父母兄长，出门尊敬长辈上级。这样就是让他们制作木棒也可以打击那些拥有坚实盔甲锐利刀枪的秦楚军队了。因为那些秦国、楚国的执政者剥夺了他们老百姓的生产时间，使他们不能够深耕细作来赡养父母。父母受冻挨饿，兄弟妻子、儿女东离西散。他们使老百姓陷入深渊之中，大王去征伐他们，有谁来抵抗呢？所以说：‘施行仁政的人是没有敌人的。’大王请不要犹豫！”

【评】

“仁”字所指，正是人性的归趋，其由内而发，可称为仁德，用于政治，则是仁政。施行仁政，是孟子的主张。其做法不外乎养民、教民、与民同乐。“仁者无敌”，因为顺应人性，自然人人支持。

【延伸阅读】

未有上好仁而下不好义者也

【原文】

未有上好仁而下不好义者也，未有好义其事不终者也，未有府库财非其财者也。（《大学》）

【译】

上位者喜欢行仁而属下不喜欢行义，那是不曾有过的；喜欢行义而不把事情办妥，也是不曾有过的事；仓库里的钱财不是正当的钱财，同样是不曾有过的事。

【评】

孔子说：“君使臣以礼，臣事君以忠。”（《论语·卷二·八佾第三》）上好仁，更甚于依礼行事；下好义，忠不待多言，必可成其事。上下合作无间，府库自然充实。三国时，诸葛亮为了报答刘备“不以臣卑鄙，猥自枉屈，三顾臣于草庐之中”，出山帮助刘备完成北定中原、兴复汉室的大业，为此鞠躬尽瘁，死而后已，成就了君臣相遇的一段佳话。

未有仁而遗其亲者也

【原文】

孟子见梁惠王，王曰："叟，不远千里而来，亦将有以利吾国乎？"

孟子对曰："王，何必曰利，亦有仁义而已矣。王曰：'何以利吾国？'大夫曰：'何以利吾家？'士庶人曰：'何以利吾身？'上下交征利而国危矣。万乘之国，弑其君者，必千乘之家；千乘之国，弑其君者，必百乘之家。万取千焉，千取百焉，不为不多矣。苟为后义而先利，不多不餍。未有仁而遗其亲者也，未有义而后其君者也。王亦曰仁义而已矣，何必曰利！"(《孟子·卷一·梁惠王上（一）》)

【译】

孟子见梁惠王，梁惠王说："老先生！你不远千里来到这里，将为我的国家带来什么好处？"

孟子回答："大王何必谈利，只要有仁德与义行就够了。大王说'怎样对我的国家有利？'大夫说'怎样对我的封邑有利？'士人与平民说'怎样对我自己有利？'上上下下互相争夺利益，国家就危险了。在拥有万辆兵车的国家，杀掉国君的，必定是国内拥有千辆兵车的大夫。在拥有千辆兵车的国家里，杀掉国君的，必定是国内拥有百辆兵车的大夫。在拥有万辆兵车的国家里，大夫拥有千辆兵车；在拥有千辆兵车的国家里，大夫拥有百辆兵车，这些大夫的产业不能不算多了。如果忽视义行而先讲自己的利益，那么大夫不把国君的产业夺去，是不会满足的。没有讲求仁德的人会遗弃他的父母，没有讲求义行的人会怠慢他的君主。大王只要谈论仁德与义行就够了，何必谈到利益呢？"

【评】

太史公曰："余读孟子书至梁惠王问何以利吾国，未尝不废书而叹也。曰：嗟乎！利诚乱之始也。夫子罕言利，常防其源也。故曰'放于利而行，多怨'。自天子以至于庶人，好利之弊，何以异哉？"

程子曰："君子未尝不欲利，但专以利为心则有害。惟仁义则不求利而未尝不利也。当是之时，天下之人惟利是求，而不复知有仁义。故孟子言仁义而不言利，所以拔本塞源而救其弊，此圣贤之心也。"（朱熹《四书章句集注》）

仁者宜在高位

【原文】

是以惟仁者宜在高位。不仁而在高位，是播其恶于众也。上无道揆也，下无法守也，朝不信道，工不信度，君子犯义，小人犯刑，国之所存者幸也。故曰：城郭不完，兵甲不多，非国之灾也；田野不辟，货财不聚，非国之害也。上无礼，下无学，贼民兴，丧无日矣。（《孟子·卷七·离娄上（一）节选》）

【译】

因此，只有行仁的人应该居于高位。不行仁的人居于高位，就会把他的邪恶传播给大众。在上的不用正道来衡量事理，在下的不用法度来约束自己，朝廷不相信正道，官吏不相信制度，有官位的违反义行，一般百姓违反法律，国家如此还能存在，那是侥幸啊。所以说，城墙不坚固，军备不充足，不是国家的灾难；田野没开辟，财物不积聚，不是国家的祸害。在上的不守礼仪，在下的没有教育，作恶的百姓越来越多，国家的灭亡也就快了。

【评】

司马光说："才德全尽谓之圣人，才德兼亡谓之愚人，德胜才谓之君子，才胜德谓之小人。凡取人之术，苟不得圣人、君子而与之，与其得小人，不若得愚人。何则？君子挟才以为善，小人挟才以为恶。挟才以为善者，善无不至矣；挟才以为恶者，恶亦无不至矣。愚者虽欲为不善，智不能周，力不能胜，譬之乳狗搏人，人得而制之。小人智足以遂其奸，勇足以决其暴，是虎而翼者也，其为害岂不多哉！夫德者人之所严，而才者人之所爱。爱者易亲，严者易疏，是以察者多蔽于才而遗于德。自古昔以来，国之乱臣，家之败子，才有馀而德不足，以至于颠覆者多矣，岂特智伯哉！故为国为家者，苟能审于才德之分而知所先后，又何失人之足患哉！”司马光的点评是对孟子“惟仁者宜在高位。不仁而在高位，是播其恶于众”最好的注解。有才无德，最终也必为才所害！无德之才，既害人，更害己。

仁则荣，不仁则辱

【原文】

孟子曰：“仁则荣，不仁则辱；今恶辱而居不仁，是犹恶湿而居下也。如恶之，莫如贵德而尊士，贤者在位，能者在职；国家闲暇，及是时，明其政刑。虽大国，必畏之矣。《诗》云：‘迨天之未阴雨，彻彼桑土，绸缪牖户。今此下民，或敢侮予？’孔子曰：‘为此诗者，其知道乎！能治其国家，谁敢侮之？’今国家闲暇，及是时，般乐怠敖，是自求祸也。祸福无不自己求之者。《诗》云：‘永言配命，自求多福。’《太甲》曰：‘天作孽，犹可违；自作孽，不可活。’此之谓也。”（《孟子·卷三·公孙丑上（四）》）

【译】

孟子说：“仁就光荣，不仁就耻辱；现在的人既厌恶耻辱却又居于不仁的境地，这就好像既厌恶潮湿却又居于低洼的地方一样。假如真的厌恶耻辱，那最好是以仁德为贵，尊敬读书人，使有贤德的人处于一定的官位，有才能的人担任一定的职务。并且趁国家无内忧外患的时候修明政治法律制度。这样做了，即使是大国也会畏惧你。《诗经》说：‘趁着天晴没阴雨，剥些桑树根上皮，补好窗子和门户。现在你们下面的人，有谁还敢欺侮我？’孔子说：‘写这首诗的人很懂得启发呀！能够治理好自己的国家，谁还敢欺侮他呢？’如今国家没有内忧外患，却趁着这个时候享乐腐化，这是自己寻求祸害。祸害和幸福都没有不是自己找来的。《诗经》说：‘长久地与天命相配合，自己寻求更多的幸福。’《尚书·太甲》说：‘上天降下的灾害还可以逃避；自己造成的罪孽可就无处可逃。’说的就是这个意思。”

【评】

“仁则荣，不仁则辱”，因为不仁将会造成众叛亲离，最后亡国丧命。

“祸福无不自己求之者”，不只在说个人的因果报应，也在强调自己改造命运的主体性与无可推卸的责任。

人而不仁，如礼何？人而不仁，如乐何

【原文】

子曰：“人而不仁，如礼何？人而不仁，如乐何？”（《论语·卷一·八佾第三》）

【译】

孔子说：“一个人没有仁爱之心，礼仪对他有什么用呢？一个人没有仁爱之心，音乐对他有什么用呢？”

【评】

短短的两句话，含义非常深刻。礼乐是周公创制的社会生活规范，不过规范是外在的，情感、真诚才是内涵。如果只有形式而没有内涵和内容，恐怕只是做样子而已。“仁”强调的是真诚的心意，只有真诚，才能由内心生发出力量，对自己要求严格。如果所有人都行礼如仪，却没有真情实感，只能是一个没意义的形式而已。

知者乐，仁者寿

【原文】

子曰：“知者乐水，仁者乐山。知者动，仁者静。知者乐，仁者寿。”（《论语·卷三·雍也第六》）

【译】

孔子说：“明智的人欣赏流水，行仁的人欣赏高山；明智的人与物推移，

行仁的人安稳厚重；明智的人常保喜乐，行仁的人得享天年。”

【评】

智者为什么欣赏流水，因为流水有弹性，碰到山就转弯了，遇到低洼的地方就填满过去，代表智者遇到状况，会判断，并且能够做出正确的选择。

仁者为什么欣赏高山？山安稳、厚重、无所不包。

水是动的，代表智者能很快适应环境变化。

山是静的，代表仁者的冷静、从容。

但是，智者能动，未必能静，仁者能动，还能静。所以，比较起来最高境界应该是仁者。

智者是一种能力，仁者是生命的最高目标的追求。

智者快乐，仁者不但快乐，还可以安享天年。

智者的快乐源于他以积极的态度对待人生，仁者的长寿源于他将仁爱之心奉献给社会。

【古文欣赏】

前出师表

诸葛亮

先帝创业未半而中道崩殂，今天下三分，益州疲弊，此诚危急存亡之秋也。然侍卫之臣不懈于内，忠志之士忘身于外者，盖追先帝之殊遇，欲报之于陛下也。诚宜开张圣听，以光先帝遗德，恢弘志士之气；不宜妄自菲薄，引喻失义，以塞忠谏之路也。

宫中府中，俱为一体，陟罚臧否，不宜异同。若有作奸犯科及为忠善者，宜付有司论其刑赏，以昭陛下平明之理；不宜偏私，使内外异法也。

侍中、侍郎郭攸之、费祎、董允等，此皆良实，志虑忠纯，是以先帝简拔以遗陛下。愚以为宫中之事，事无大小，悉以咨之，然后施行，必能裨补阙漏，有所广益。

将军向宠，性行淑均，晓畅军事，试用于昔日，先帝称之曰能，是以众议举宠为督。愚以为营中之事，悉以咨之，必能使行阵和睦，优劣得所。

亲贤臣，远小人，此先汉所以兴隆也；亲小人，远贤臣，此后汉所以倾颓也。先帝在时，每与臣论此事，未尝不叹息痛恨于桓、灵也。侍中、尚书、长史、参军，此悉贞良死节之臣，愿陛下亲之信之，则汉室之隆，可计日而待也。

臣本布衣，躬耕于南阳，苟全性命于乱世，不求闻达于诸侯。先帝不以臣卑鄙，猥自枉屈，三顾臣于草庐之中，咨臣以当世之事。由是感激，遂许先帝以驱驰。后值倾覆，受任于败军之际，奉命于危难之间，尔来二十有一年矣！

先帝知臣谨慎，故临崩寄臣以大事也。受命以来，夙夜忧叹，恐托付不效，以伤先帝之明；故五月渡泸，深入不毛。今南方已定，兵甲已足，当奖率三军，北定中原；庶竭驽钝，攘除奸凶，兴复汉室，还于旧都。此臣所以报先帝而忠陛下之职分也。至于斟酌损益，进尽忠言，则攸之、祎、允之任也。

愿陛下托臣以讨贼兴复之效，不效，则治臣之罪，以告先帝之灵。若无兴德之言，则责攸之、祎、允等之慢，以彰其咎。陛下亦宜自谋，以咨诹善道，察纳雅言，深追先帝遗诏，臣不胜受恩感激。

今当远离，临表涕零，不知所言。

【译】

先帝开创大业还没有完成一半就中途去世了。现在天下三分，益州人力疲惫民生凋敝，这实在是形势危急、存亡难料的关键时刻啊。然而侍奉守卫的大臣们在宫廷里毫不懈怠；忠诚有志的将士们在疆场上舍身忘死地战斗的原因，是他们追念先帝对他们的厚遇，想要报答给陛下您。陛下实在应该扩大圣明的听闻，来发扬光大先帝遗留下来的美德，发扬光大有志之士的勇气，不应该随便看轻自己，说话不恰当，以至于堵塞了忠臣劝谏的道路。

皇宫中的侍臣和丞相府所属的官吏都是一个整体，奖惩功过、好坏，不应该因在宫中或在朝廷中而异。如果有做奸邪事情，犯科条法令或者尽忠心做善事的人，应该交给主管的官，判定他们受罚或者受赏，来显示陛下公正严明的治理，而不应当有偏袒和私心，使宫中和朝廷刑赏之法不同。

侍中、侍郎郭攸之、费祎、董允等，这都是些善良诚实的人，他们的志向和心思忠诚无二。因此先帝选拔出来，给予（辅佐）陛下。我认为宫内的事情，无论事大事小，都应当拿来问问他们，然后实施。一定能够弥补缺点和疏漏之处，获得很好的效果。

将军向宠，性情品德善良平正，精通军事，过去试用过他，先帝称赞说他能干，所以大家商议推举他为中都督。我认为军营里的事情，都拿去问问他，一定能够使军队团结和睦，好的差的各得其所。

亲近贤臣，远离小人，这是先汉兴盛的原因；亲近小人，远离贤臣，这是后汉所以衰败的原因。先帝在世的时候，每次跟我谈论起这些事，没有一次不对桓帝、灵帝的昏庸误国表示哀叹、痛心、惋惜的。侍中、尚书、长史、参军，这些都是坚贞可靠、能以死报国的忠臣，希望陛下亲近他们，信任他们，这样汉室的兴盛，就用不了多长时间了。

我本是个平民，在南阳亲自耕种，在乱世中苟且保全性命，不希望在诸侯中扬名显贵。先帝不认为我身份低微，见识短浅，降低身份，委屈自己，三次到草庐来拜访我，拿当时的大事询问我，因此我深为感慨和奋激，于是答应为先帝奔走效劳。后来遇到兵败，在兵败的时候接受重任，在危难的时候奉命出使东吴，那时以来已经有二十一年了。

先帝深知我做事严谨慎重，因此在临终的时候把国家大事嘱托给我。接受遗命以来，我早晚忧愁叹息，害怕托付没有成效，以至于损伤了先帝知人之明。因此我五月率兵南渡泸水，深入到人烟稀少的地方。如今南方已经平定，兵器装备已经充足，应当奖赏，率领三军，北伐平定中原，希望竭尽我平庸的才能，铲除奸邪凶恶的敌人，复兴汉朝王室，回到以前的都城。这是我用来报答先帝，忠于陛下职责本分的事情。至于处理事情斟酌情理，有所兴革，毫无保留地进献忠言，就是郭攸之、费祎、董允的任务了。

希望陛下把讨伐奸臣，兴复汉室的任务交给我，如果不能完成，就治我的罪，用来告慰先帝的在天之灵。如果没有发扬圣德的忠言，那就责备郭攸之、费祎、董允等人的怠慢，来揭示他们的过失。陛下也应该自行谋划，询求治国之道，察明采纳正确的言论，深深地追念先帝的遗诏（勿以善小而不为，勿以恶小而为之），我有说不完的感恩的话。

现在我要出征远离陛下，面对着表文眼泪滴落，不知道说了些什么。

【诗歌欣赏】

兰亭诗

王羲之

悠悠大象运，轮转无停际。陶化非吾因，去来非吾制。宗统竟安在？即顺理自泰。有心未能悟，适足缠利害。未若任所遇，逍遥良辰会。

三春启群品，寄畅在所因。仰望碧天际，俯磐绿水滨。寥朗无厓观，寓目理自陈。大矣造化功，万殊莫不均。群籁虽参差，适我无非新。

猗与二三子，莫非齐所托。造真探玄根，涉世若过客。前识非所期，虚室是我宅。远想千载外，何必谢曩昔？相与无相与，形骸自脱落。

鉴明去尘垢，止则鄙吝生。体之固未易，三觞解天刑。方寸无停主，矜伐将自平。虽无丝与竹，玄泉有清声。虽无啸与歌，咏言有余馨。取乐在一朝，寄之齐千龄。

合散固其常，修短定无始。造新不暂停，一往不再起。于今为神奇，信宿同尘滓。谁能无此慨？散之在推理。言立同不朽，河清非所俟。

【写作背景】

东晋永和九年（353 年）的上巳节（农历三月上旬的第一个巳日，从西晋时起，固定为三月初三日），王羲之等 42 人会于会稽山阴之兰亭（今浙江省绍兴市西南兰渚山下），按照古老的风俗临水洗濯，以祛除不祥。他们在集会中即席赋诗，并结之为《兰亭集》。这些诗歌流传至今有三十七首，我们把它们都称为《兰亭诗》。王羲之《兰亭诗》共有两组，这里所选的，是其中五言的一组。

东晋永和九年的兰亭雅集，便是历史上文人上巳节集会中最著名的一次。当时作会稽内史的王羲之，邀请了谢安、谢万、孙绰、孙统等老少名士42人，于会稽山阴的兰亭临水祓禊。据王羲之《兰亭集序》记载，那一天“天朗气清，惠风和畅”“群贤毕至，少长咸集”“此地有崇山峻岭，茂林修竹，又有清流激湍，映带左右”，良辰、美景、赏心、乐事，一应具备。和西晋士人追逐丝竹管弦的声色之乐来，兰亭诗人们风雅了许多。与会者列坐曲水之畔，放一只盛满酒的酒杯入水漂流。酒杯漂到某人面前，他就饮酒一杯，赋诗一首，否则罚酒三杯。东晋士人，鄙夷事功，好尚玄想，在上巳佳节，融融日光下，与嘉朋相聚，陶然于美景之中，他们采取了“以玄对山水”的态度，在山水中体会有无之际的玄理，感受着人与自然的天然接近，以玄言诗的写作，代替口头上的清谈。这次聚会，留下了一本玄言诗集——《兰亭集》，王羲之为它作前序，孙绰作后序，都成为传世名篇。尤其是王羲之的前序，以深情的笔墨，简淡的风格，和精妙的书法艺术，成为不朽的精品。可惜的是，抱着对玄言诗先入为主的轻视态度，人们欣赏《兰亭集》的序文却忽略其诗作，致使千年以来，序文成名而诗歌寂寞，买椟还珠，可为叹息！其实《兰亭诗》的艺术价值并不在《兰亭集序》之下，王羲之的这首五言诗，尤其如此。

【赏评】

该诗分五章。

第一章讲聚会缘起。宇宙悠悠运行的法则，永无停歇，人并不能主宰自身，来非吾因，去非吾制，乃自然陶化耳。这是人类不得不面临的困境。人所珍视的宗统在哪儿呢？如或未悟此理，则仍然会陷入是非利害的圈子，只有顺应事理，才能获得安泰。不如安于所遇吧，既逢良辰美景，让我们逍遥容与！

第二章，从狭小的功利世界超脱后，大美的自然呈现，心情无往而不畅于三春开启的群品。蓝天、绿水，仰望、俯视，清寂旷朗的景象无有边际，即目所见，无非自然之理。伟哉，造化之功！万物无不沐浴着自然的恩泽，均分了世界的和谐。各种声响虽有差异，对我们这些久居尘世，久为俗务奔忙的人来说，每一种的谛听，无不是新鲜如斯，激动如斯。

第三章，承接上章，因为人人如此，故人人是吾知己。我们这些世间的过客啊！偶然相聚，且相互勉励，共同探求大道的本源；亦不妨与古人为友，徜徉于道德之境。我们究竟是相与还是不相与呢？不必管它，反正志同道合，脱略形骸。

第四章，讲悟道对人之气格的影响。山川明丽，不反映尘世的污垢，我们应时时与它相对，如对镜拂尘，否则就会生出鄙吝之气。体悟自然与人生之道本不容易，醉意朦胧间也可解除天之刑戮。微醺里，心灵不再为俗世主宰，矜伐之心也会自动平息。现在虽无俗世管弦之乐，山间却有清音、灵泉，无须俗间啸与歌，而咏叹玄言又多么惬意。这样的乐境虽只一朝，一旦拥有却可等于千年！

第五章，回应首章，讲集会将散。天下没有不散的筵席，静观万物，“造新不暂停，一往不再起”，乐往哀来，良会不再。越是用新的目光发现了境界的神奇，就越是为它的“信宿同尘滓”而感到悲慨。这种生命的悲慨，作为禀天地之性灵而生的人，谁又能躲避得开呢？然而这种生命情怀，玄学仍视之为有待中的执著之病，需要推演本无或齐物的玄理消释它。作诗立言也是一种不朽的伟事，我们今天且秉意于此；至于令河清海晏的立功之举，则不是作为诗人的我们所要过问的事了。

这首诗长期默默无闻，终于在千载之下，受到当代美学大师宗白华先生的激赏。他说：“王羲之的《兰亭诗》……真能代表晋人这纯净的胸襟和深厚的感觉所启示的宇宙观。‘群籁虽参差，适我无非新’两句尤能写出晋人以新鲜活泼自由自在的心灵领悟这世界，使触着的一切呈露新的灵魂、新的生命。于是‘寓目理自陈’，这理不是机械的陈腐的理，乃是活泼的宇宙生机中所含至深的理。”（《美学散步·论〈世说新语〉和晋人的美》）

在中国文化史上，兰亭雅集已成为一个审美符号。它承传着上巳节之游的古老精神，启发了流连山水的审美情趣，同舞雩歌咏一样，成为后人思慕的对象。直到今天，春回大地的时候，当我们登山临水，触目茂林修竹的美景，回想曲水流觞的韵事，亦“未尝不临文嗟悼，不能喻之于怀”（《兰亭集序》）。真可谓“后之视今，亦犹今之视昔”（同上）啊。然而又何必伤感呢？且静观水流花落，鸢飞鱼跃吧！“群籁虽参差，适我无非新。”——天地之理，岂不是千载犹新吗？

第四篇　和篇

【和】

相应也。(《说文》)
顺也，谐也，不坚不柔也。(《广韵》)
协和万邦。(《书·尧典》)
律和声。(《舜典》)
保合太和。(《易·乾卦》)
发而皆中节谓之和。(《中庸》)
不刚不柔曰和。(《谥法》)
鸣鹤在阴，其子和之。(《易·中孚》)

和是由“禾”与“口”组成，有民以食为天之意。《说文》解释：和，相应也。《尔雅》解释：谐，和也。可以这样说，和谐二字简洁、生动而又朴实无华地反映了中国人心灵深处对于人、社会与自然最深刻的理解，是对中国文化和中国哲学精神最精辟的诠释。它包含三方面的含义：自我之和，人我之和，人和自然之和。

人得意时，不要太嚣张；失意时，不要太难过，所有情感都可以中和地表达。所谓“乐而不淫，哀而不伤”，“回首向来萧瑟处，归去，也无风雨也无晴。”如何做到？“愤而忘食，乐而忘忧”，却能使人“不知老之将至”，人生的一份追求和仰天俯怍无愧于心的一份坦荡是其根本。孔孟都在告诉我们，人生真正的快乐在内不在外。有害的快乐对人的诱惑大，要设法排除、化解；而有益的快乐，则需要配合某些修行，所谓“文之以礼乐”可谓成人。可见，仅有德才而无礼乐之文者，乃降一等之成人。这种“和”表现在外的就是音乐的和谐及其带给人的快乐。

“和而不流”，“和”是指虽然有所不同却能够很好地融合、没有发生对立的状态。它不逃避矛盾，不是拒绝态度，不是不偏不倚，不是好好先生，不是乡愿，貌似忠厚而没有原则。在不同的环境中能够坚守中庸之道，在各方利益集团的角逐中立于不败，它才是真正的强者。“和”是一种有差别的、多样性统一。比如烹调，必须使酸、甜、苦、辣、咸调和在一起，达到一种五味俱全、味在咸酸之外的境界，才能算是上等佳肴；比如音乐，必须将宫、商、角、徵、羽配合在一起，达到一种五音共鸣、声在宫商之外的境界，才能算是上等美乐：人生就像一出完美的乐章，乐其可知也：“始作，翕如也；从之，纯如也，皦如也，绎如也，以成”。和而不同有一个原则，就是你要尊重别人，善待别人。

把握好“中”“和”，不仅会让我们保持健康的心理，健全的人格，而且也符合天地运行的法则、万物生长的原理，即“天地位焉，万物育焉”。达到“万物并育而不相害”：万物（植物、动物）各有其道，彼此不相冲突，保持生态均衡。

在兵连祸接、民不聊生的战乱年代，陶渊明给我们描绘了一幅没有剥削、没有压迫、人人劳动、自由安乐的世外桃源的生活图景，这是写给成年人的童话。但是，世外桃源的生活理想又完全植根现实的沃土之中。悲剧在于，人们再也不相信有桃花源了。

第一章　自我之和

乐而不淫，哀而不伤

【延伸阅读】

何莫学夫《诗》

成于乐

子路问成人

子在齐闻韶

子与人歌

孔子三忘

乐亦在其中矣

君子有三乐

益者三乐

【诗歌欣赏】

关雎

定风波（苏轼）

第二章　人我之和

和而不流

【延伸阅读】

和而不同

群而不党

乐其可知也

礼之用，和为贵

恶乡原，恐其乱德也

和无寡

与民同乐

【诗歌欣赏】

满江红•拂拭残碑（文徵明）

第三章　人与自然之和

致中和，天地位焉，万物育焉

【延伸阅读】

万物并育而不相害

【古文欣赏】

桃花源记（陶渊明）

第一章　自我之和

乐而不淫，哀而不伤

【原文】

子曰："《关雎》，乐而不淫，哀而不伤。"（《论语·卷二·八佾第三》）

【译】

孔子说："《关雎》那几首诗的演奏，听起来快乐而不至于耽溺，悲哀而不至于伤痛。"

【评】

孔子对于《诗经》有一个总结，叫"思无邪"，意思是，所有的作品都是出于真诚的情感。这一章就是一个很好的证据，乐与哀，都是发自内心。

朱子云："淫者，乐之过而失其正者也。伤者，哀之过而害于和者也。求之未得，则不能无寤寐反侧之忧；求而得之，则宜其有琴瑟钟鼓之乐。盖其忧虽深而不害于和，其乐虽盛而不失其正，故夫子称之如此。欲学者玩其辞，审其音，而有以识其性情之正也。"

《诗经》能够教人做人处事的道理，告诉我们，应该用什么方式与别人相处；相处的时候有什么心态。人得意时，不要太嚣张；失意时，不要太难过，所有情感都可以中和地表达。

【延伸阅读】

何莫学夫《诗》

【原文】

子曰："小子！何莫学夫《诗》？《诗》，可以兴，可以观，可以群，可以怨。迩之事父，远之事君。多识于鸟兽草木之名。"（《论语·卷九·阳货第十七》）

【译】

孔子说："同学们为什么不学《诗经》呢？学习《诗经》的时候可以引发真诚心意，刻意观察个人志节，可以感知群众情感，可以疏解委屈怨恨。学了诗，以近的来说，懂得如何侍奉父母；以远的说，懂得如何侍奉君主。此外，还能广泛认识草木鸟兽的名称。"

【评】

朱子注："兴，感发志意；观，考见得失；群，和而不流；怨，怨而不怒；'迩之事父，远之事君'，人伦之道，'多识于鸟兽草木之名'，其绪余又足以资多识。"

"诗三百，一言以蔽之，曰：思无邪"，《诗经》是真实情感的流露，只有真诚才能引发真诚。这是"兴"之意。引发真诚心意之后，观察自己。好的文学作品，真正展现出来的是内心对自我的一种期许，这是"观"之意。"群"是一种共识。大家读的是一样的《诗经》，听到别人念《诗经》，自然引发情感，甚至与之唱和，但又有自己独特的认识和感受，所谓和而不流。人生难免会有抱怨，自古以来，很少有人认为自己这一生不用抱怨的。怨是很自然的情绪，读《诗经》即可化解。读《诗经》让我们明白，不要抱怨，而应该珍惜所拥有的，有机会把这一生过得很精彩。孔子最后提到，通过《诗经》，还可以广泛了解草木鸟兽的名称，《诗经》给我们展示了一个绚丽多姿的自然界。

总之，我们最应该了解的只有一点，那就是什么是人，什么是人生。首先，你要自我了解，兴观群怨，让情绪得以疏解的话，才知道自己在什么时候会喜、会怒、会哀、会乐，也要知道别人在什么情况下会如此。所以，在古代，《诗经》的教育效果被称为“温柔敦厚，诗教也”，它使人的情绪、情感得到适当的调节。

成于乐

【原文】

子曰：“兴于诗，立于礼，成于乐。”（《论语·卷四·泰伯第八》）

【译】

孔子说：“启发上进的意志要靠读诗，具备处事的条件要靠学礼，达成教化的目标要靠习乐。”

【评】

兴，开始、启发上进的意志。诗是文学作品，它一定要基于真诚的情感。只有真诚才能引发真诚。

人在社会立身处世就要立于礼。也就是说，学会礼仪规范之后，跟别人来往就能掌握分寸。

音乐能够沟通，协调人际情感。社会发展最终要看音乐教化程度。音乐反映了人的心声，把内心的复杂情绪用音乐表达出来。所以，古代往往根据一个国家流行的音乐，来判断这个社会到底怎么样。如果流行音乐非常和谐，那么这个社会自然充满人性的温暖；相反，要是流行音乐紧张压抑，国家的状况就不妙了。

《礼记·经解》云：“温柔敦厚，诗教也；恭俭庄敬，礼教也；广博易良，乐教也。”

“兴于诗，立于礼，成于乐”，短短九个字，却把人的一生，社会的建构做了清楚扼要的说明。

子路问成人

【原文】

子路问成人。子曰：“若臧武仲之知，公绰之不欲，卞庄子之勇，冉求

之艺，文之以礼乐，亦可以为成人矣。”（《论语·卷七·宪问第十四》）

【译】

子路请教怎样才是理想的人。孔子说：“明智像臧武仲，淡薄无欲像孟公绰，勇敢像卞庄子，多才多艺像冉求，再用礼乐加以文饰，也可以算是理想的人了。”

【评】

成，代表完成，是理想的人。孔子思考的时候，把一个人各方面的条件都照顾到了，你要明智，你要无欲，你要勇敢，再接着就是才艺。四个条件都具备之后，还要“文之以礼乐”。意思是用礼乐来文饰一个人。代表一个人受过教育，说话做事合乎规矩，自己的生活也有音乐来调节。孔子说，这样可以算是理想的人了。可见，仅有德才而无礼乐之文者，乃降一等之成人。

子在齐闻韶

【原文】

子在齐闻韶，三月不知肉味。曰：“不图为乐之至于斯也！”（《论语·卷四·述而第七》）

【译】

孔子在齐国听到了《韶》乐，三个月尝不出肉的滋味，他说，“想不到《韶》乐的美达到了这样迷人的地步。”

【评】

韶乐，史称舜乐。舜作《韶》主要是用以歌颂帝尧的圣德，并示忠心继承。此后，夏、商、周三代帝王均把《韶》作为国家大典用乐。周武王定天下，封赏功臣，姜太公以首功封营丘建齐国，《韶》传入齐。孔子于公元前517年在齐国闻韶乐“三月不知肉味”，并评论韶乐“尽美矣，又尽善也。”

孔子是个音乐鉴赏家，对音乐特别重视，它把乐教作为塑造人的心理情感结构和培育“仁人”的基本手段。在孔子的基本课程“六艺”中有一门乐教，开设这门课孔子并不是想要培养专业的音乐人才，而是希望能够通过音乐来塑造学生的健康人格。《乐记》上说，“乐也者，圣人之所乐也，而可以善民心，其感人深，其移风易俗，故先王著其教。”意思是说古时贤明的君主通过乐教来引导、节制人们的欲望，改善道德和风俗。孔子的思想与《乐记》上所说的有着共同之处。他的办法是将理智引入、渗透、融化在情感中，通过潜移默化，使理欲调和，既让人的情感得到一种宣泄，又使人的心理情感结构得到升华和重塑。

子与人歌

【原文】

子与人歌而善，必使反之，而后和之。(《论语·卷四·述而第七》)

【译】

孔子与别人一起唱歌，唱得开怀时一定请他再唱一遍，然后自己又和他一遍。

【评】

孔子很少坚持，唱歌的时候，“必使反之”，一定要他坚持再唱一遍，孔子不光听，还要和，这是一个多么其乐融融的景象。唱歌的时候能够这么尽兴，这么开怀，跟朋友们分享这种快乐的情绪，不说他的学问，不说他的德行，就是做一个普通人，也值得我们去学习跟效仿。

孔子三忘

【原文】

叶公【音shè。叶公姓沈名诸梁，楚国大夫。】问孔子于子路，子路不对。子曰："女奚不曰，其为人也，发愤忘食，乐以忘忧，不知老之将至云尔。"(《论语·卷四·述而第七》)

【译】

叶公问子路有关孔子的为人，子路没有回答。孔子知道后就说："你为什么不这样说？他这个人发奋用功就忘记了吃饭，内心快乐就忘记了烦恼，连自己快要衰老了都不知道，如此而已。"

【评】

叶公姓沈名诸梁，楚国的大夫，封地在叶城（今河南叶县南），所以叫叶公。

据《孔子年谱》，这是公元前490年（鲁哀公五年）的事，那年孔子62岁。孔子对自己有这样的描述：忘食、忘忧、忘老。

人要能够活得下去，需有三个条件，一为目标的牵引，人生没有目标，犹如行尸走肉，活得没有意义；二为情感的滋润，包括亲情、爱情、友情，缺乏这种滋润，孤独而且干涩，活得没有滋味；三为内力的支撑，这内力便是能够自立于世的智力与体力。对于孔子来说，可以说是三条齐备：他在鲁国辞职之后，周游列国十四年。他在困境之中，以至于落难之时，也始终都有弟子跟从相随，师生之间，情深意切，最重要的是他始终没有失去人生的目标，做学问，修六经，又成了他为之"发愤忘食"的事，而且使他能够从中得到快乐，以至"乐而忘忧"，这是人生的目标，也是精神的支柱，使他暮年的生命获得意义，充满亮色。

判断一个人是年轻还是衰老，应有两个维度。一是从生理上看，这是绝对的，年轮不可抗拒，也无法篡改。二是从心理上看，这是相对的。心态不好，整天无所事事，郁郁不欢的，往往未老先衰，衰老，是因为放弃。"愤而忘食，乐而忘忧"，却能使人"不知老之将至"。即从养生学的角度说，"不知老之将至"，也是人生的一种境界。

乐亦在其中矣

【原文】

子曰："饭疏食饮水，曲肱而枕之，乐亦在其中矣。不义而富且贵，于我如浮云。"（《论语·卷四·述而第七》）

【译】

孔子说："吃的是粗粮，喝的是冷水，弯起手臂做枕头，这样的生活也有乐趣，用不正当手段得来的富贵对我好像浮云一样。"

【评】

"富贵浮云"这句成语就来自这里。

孔子的生活很穷困，但是乐亦在其中，千万不要以为孔子说贫穷等于快乐，而是说我如果贫穷的话照样可以有我的快乐。为什么？庄子有一段精彩的话："穷亦乐，通亦乐，所乐不在穷通，而在于道"。穷困的时候我很快乐，通达的时候我也很快乐，因为我的快乐不在于穷困还是通达，而在于道。生活条件是次要的。富贵是每个人都想要的，但是不义，手段不正当，得到了心里也不安啊。

这种快乐绝不是名利面前刻意表现出的清高，也不是在贫困窘境下消极的自我安慰，而是经历了深层次的价值抉择与长期的自我磨砺，超越了个人的苦乐与得失，因此，无论身处逆境或顺境都同样怡然自得。

快乐不依靠世俗的成就来衡量，快乐是每一个人的天赋人权，每一个人都有责任让自己过得快乐。问题是你要了解道理，了解人生的真正价值是内在的心灵而不是物质。

君子有三乐

【原文】

孟子曰："君子有三乐，而王天下不与存焉。父母俱存，兄弟无故，一乐也。仰不愧于天，俯不怍于人，二乐也；得天下英才而教育之，三乐也。君子有三乐，而王天下不与存焉。"（《孟子·卷十三·尽心上》）

【译】

孟子说："君子有三种快乐，而称王天下并不包括在内。父母都健康，兄弟无灾无难，这是第一种快乐；对上无愧于天，对下无愧于人，这是第二种快乐；得到天下的优秀人才而教育他们，这是第三种快乐。君子有三种快乐，而称王天下并不包括在内。"

【评】

朱熹《集注》引林氏的话说："此三乐者，一系于天，一系于人，其可以自致者，惟不愧不怍而已。"也就是说，一乐取决于天意，三乐取决于他人，只有第二种快乐才完全取决于自身。因此，我们努力争取的也在这第二种快乐，因为它是属于"求则得之，舍则失之，是求有益于得也，求在我者也"的范围，而不是"求之有道，得之有命，是求无益于得也，求在外者也"的东西。"俯仰终宇宙，不乐复何如？"（陶渊明）

父母兄弟都健康平安、没有事故，从而得以享受天伦之乐，这是人普遍自然的期望。它的更深一层涵意是，人有父母可以尽孝，有兄弟姐妹才可以尽悌，由此推广到其他人身上，称为顺其自然，所以，父母家人不仅合乎自然情感的愿望，也提供了实现人性的基础，这不是一大快乐吗？

能得到天下英才，启发他们的心智，解答他们心中的各种疑惑，传授给他们知识，看到他们茁壮成长，并通过他们把真理遍传天下，为社会所用，泽惠百姓，这对君子来说，无疑也是人生一大快乐。

孔孟都在告诉我们，人生真正的快乐在内不在外。

益者三乐

【原文】

孔子曰："益者三乐，损者三乐。乐节礼乐，乐道人之善，乐多贤友，益矣。乐骄乐，乐佚游，乐宴乐，损矣。"（《论语·卷八·季氏第十六》）

【译】

孔子说："三种快乐有益，三种快乐有害。以得到礼乐的调节为乐，以诉说别人的优点为乐，以结交很多良友为乐，都是有益的。以骄傲自满为乐，以纵情游荡为乐，以饮食欢聚为乐，那是有害的。"

【评】

很多时候我们会觉得有害的快乐更有吸引力。

第一种，以骄傲自满为快乐，骄傲自满有什么快乐的？与别人在一起，吹嘘、自夸，认为自己了不起，别人都羡慕，这不是以骄傲自满为快乐吗？这是有害的快乐，它会妨碍人进步。第二种是纵情游荡的快乐，满足于一时的快乐，一发而不可收，哪有什么志向可说呢？第三种有害的快乐是饮食欢聚。三日一小宴，五日一大宴，看起来很好，但是真的有害，久而久之，身体因过度饮食出了毛病。

孔子认为，如果一个人不去节制骄纵放肆的行为，乐于游荡闲佚的生活，沉溺于饮食宴请的低级庸俗之中，不仅对社会不利，对自己个人的身心也是极为不利的。我们应该选择有益的“三乐”，而远离有损的“三乐”。

第一种有益的快乐：“乐节礼乐”，就是用礼来调节我跟别人的关系，用音乐来调节自己的情绪，并觉得快乐。跟别人来往的时候，要有礼仪、礼节、礼貌，保持适当的分寸，欣赏音乐让人愉悦。这种快乐对别人绝对不会产生压力，对自己而言，能体会到生命的深刻意义。第二种快乐，“乐道人之善”，以诉说别人的优点为乐，这样的人不简单，而且他的心胸会越来越开阔。第三种快乐，“乐多贤友”，乐意于结交优秀的朋友。结交杰出的朋友，代表你自己也是努力向上的。

我们要注意：有害的快乐对人的诱惑大，要设法排除、化解；而有益的快乐，则需要配合某些修行。

【诗歌欣赏 1】

关　雎

关关雎鸠，在河之洲。窈窕淑女，君子好逑。
参差荇菜，左右流之。窈窕淑女，寤寐求之。
求之不得，寤寐思服。悠哉悠哉，辗转反侧。
参差荇菜，左右采之。窈窕淑女，琴瑟友之。
参差荇菜，左右芼之。窈窕淑女，钟鼓乐之。

【赏评】

《关雎》是《风》之始也，也是《诗经》第一篇。古人把它冠于三百篇之首。重要性可见一斑。《史记·外戚世家》曾经记述说："《易》基乾坤，《诗》始《关雎》，《书》美厘降……夫妇之际，人道之大伦也。"又《汉书·匡衡传》记载匡衡疏云："匹配之际，生民之始，万福之原。婚姻之礼正，然后品物遂而天命全。孔子论《诗》，一般都是以《关雎》为始。……此纲纪之首，王教之端也。"

通篇诗是写一个男子对女子的思念和追求过程，写求之而不得的焦虑和求而得之的喜悦。

这首诗共五章：

第一章雎鸠和鸣于河之洲上，其兴淑女配偶不乱，是君子的好匹配。

第二章的"参差荇菜"承"关关雎鸠"而来，也是以洲上生长之物即景生情。"求"字是全篇的中心，整首诗都在表现男子对女子的追求过程，即从深切的思慕到实现结婚的愿望。

第三章抒发求之而不得的忧思。这是一篇的关键，最能体现全诗精神。林义光《诗经通解》说："寤始觉而辗转反侧，则身犹在床。"这种对思念情人的心思的描写，可谓"哀而不伤"者也。

第四、第五章写求而得之的喜悦。"琴瑟友之""钟鼓乐之"，都是既得之后的情景。曰"友"，曰"乐"，用字自有轻重、深浅不同。极写快兴满意而又不涉于侈靡，所谓"乐而不淫"。

这诗的主要表现手法是兴寄，所谓"兴"，即先从别的景物引起所咏之物，以为寄托。这是一种委婉含蓄的表现手法。如此诗以雎鸠之"挚而有别"，兴淑女应配君子；以荇菜流动无方，兴淑女之难求；又以荇菜既得而"采之""芼之"，兴淑女既得而"友之""乐之"等。这种手法的优点在于寄托深远，能产生文已尽而意有余的效果。

【诗歌欣赏 2】

定风波

苏轼

三月七日，沙湖道中遇雨，雨具先去，同行皆狼狈，余独不觉。已而遂晴，故作此。

莫听穿林打叶声，何妨吟啸且徐行。竹杖芒鞋轻胜马，谁怕？一蓑烟雨任平生。

料峭春风吹酒醒，微冷，山头斜照却相迎。回首向来萧瑟处，归去，也无风雨也无晴。

【赏评】

在历代文人中，苏轼无疑是一个具有传奇色彩而又历经磨难的文学家。他豁达的人生哲学、完美的人格理想、多才多艺的绝世才华，闪耀在历史的时空中。他，成了后世文人仰慕的偶像。现代作家林语堂对他极其崇拜，并写出了《苏轼传》，说“他是一位有魅力、有创意、有正义感、旷达任性、独具卓见的人，是一个伟大的人道主义者，一个百姓的朋友，一个大文豪，大书法家，创新的画家，造酒的实验家，一个工程师，一个憎恨清教徒主义的人，一位佛教徒，巨儒政治家，一个皇帝的秘书，酒仙，厚道的法官，一位在政治上专唱反调的人，一个月夜徘徊者，一个诗人……”作为一个现代人，我们仍然对苏轼的人生哲学有相当大的认同。在社会竞争日趋激烈、心理压力日趋增大的今天，苏轼的作品像一副清凉剂，让我们浮躁不安的心灵得到丝丝的抚慰；它们亦如晨钟暮鼓，时时提醒我们要安顿好自己的心，要以一颗宁静的心去看待世间的一切。他的词《定风波·莫听穿林打叶声》正是这样的代表作品。

这首词写于宋神宗元丰五年（1082 年）。三年前（1079 年），新任湖州知州的苏轼，忽然被朝廷的使者五花大绑地押往京城，惊魂不定的东坡先生，就这样莫名其妙地被关进了京城的大牢。在牢中，在严刑逼供下，罪名原来是他在杭州任职时，常常写些小诗，在诗中发发小牢骚，有时表示出对新法（王安石的变法）的不同意见，有时针砭新法的流弊。而官场的群小却以此为借口，攻击苏轼“毁谤朝廷”。这就是北宋著名的文字狱——“乌台诗案”。苏轼在牢中受尽了肉体和精神的双重折磨，几近死亡的边缘。后来经多方营救，幸免一死，出狱后被贬为黄州团练副使。元丰三年正月，身心俱受摧残的苏轼经过长途跋涉，踏进了黄州的大地。在这块偏僻但风景优美的楚天荆地，贯通儒释道三家思想的东坡先生，仰观象于天，俯取法于地，思考宇宙、人生、社会的各种问题，经过一番精神的炼狱之旅，终于获得了精神上的大解放，心灵进入了一种澄明的境界。才华横溢的苏轼，赋诗作文，写下了前后《赤壁赋》《念奴娇·赤壁怀古》《定风波·莫听穿林打叶声》等千古不朽的诗文，表达自己这种精神上的探索和收获。

元丰五年的某一天，因生活贫困的东坡先生，去看友人向官府替他要来的几十亩荒地打算自己耕种，在路上遇雨，因为没有雨具，同行皆狼狈，唯他在雨中从容不迫地行走。本是一场常见的雨，在常人看来已是习以为常，而深谙宇宙、人生之道的苏轼，却怦然心动，灵感来袭，轻轻一吟，便成了千古绝唱。

我们先看词的上阕，“莫听穿林打叶声，何妨吟啸且徐行。”作者用很强烈的字眼来描绘这一场雨，所谓“穿林打叶”，意指雨的凶猛，雨点穿过树林，打在树叶上，也打在苏轼和同行者的身上，这当然是相当的狼狈了。但是，苏轼却不觉得雨的凶猛和被雨淋湿后的狼狈。面对风雨，他悠然自得，并劝同行者“莫听穿林打叶声”。任你风雨肆虐，我自坦然面对。劝同行者“何妨吟啸且徐行”，既然大自然的风雨不能改变，不如改变我们的心态，在雨中吟诗放歌，徐徐前行。为什么要在风雨中“吟啸”呢？那代表一种玩赏的心态，是在困境中，在心灵上留有一点小小的空间，让自己还有闲情逸致去玩赏。这里主要是写作者的心态、定力和持守。面对自然的风雨也好，人生的风雨也好，需要你用平静悠闲的心态，相当大的定力和持守去面对。“莫听”二字是对风雨打击的否定，“何妨”二字是对悠闲人生态度的肯定，这两句分别从否定和肯定两个方面来表达作者的思想情感。

在雨中行走，按照生活常态，当然是骑马胜过竹杖芒鞋，但是苏轼却说：

“竹杖芒鞋轻胜马，谁怕？”这里当然不是写实，而是继续写自己当时的心态。当自己拥有平静悠闲的心态时，即使是竹杖芒鞋行走在泥泞之中，也胜过骑马扬鞭疾驰而去。这里还隐含了两种生活的对比，一种是竹杖芒鞋的平民生活，一种是肥马轻裘的贵族生活。在历经了政治上的风风雨雨后，苏轼越来越认同这种真真切切、平平淡淡的平民生活。“竹杖”“芒鞋”是苏轼用来表达平民生活的重要意象，在其诗词中经常使用，如《初入庐山》：“芒鞋青竹杖，自挂百钱游。”《东坡》：“莫嫌荦确坡头路，自爱铿然曳杖声。”《寓居定惠院》：“不问人家与僧舍，拄杖敲门看修竹。”尽管苏轼是一位士人和官员，但却是一个平民艺术家，常常深入民间，并过着平民般的生活。“竹杖芒鞋”就是苏东坡典型的平民形象，也是其平民人格的真实写照。

竹杖芒鞋行走在风雨中，本是一种艰辛的生活，而苏轼却走得那么潇洒、悠闲。对于这种生活，他进一步激励自己：“谁怕？”意思是说，我不怕这种艰辛和磨难。这是一句反问句，意在强调这种生活态度。为什么要强调这种生活态度呢？因为对于苏轼，这就是他一生的生活态度，所以他说：“一蓑烟雨任平生”。“一蓑烟雨”，是说整个蓑衣都在烟雨中，实际上是说他的全身都在风吹雨打之中。这“一蓑烟雨”也象征人生的风雨、政治的风雨。而“任平生”，是说一生任凭风吹雨打，而始终那样的从容、镇定、达观。这一句简直就是苏轼一生生活的写照。他在政治上不断地受到打击，一贬再贬，晚年最后流放到了蛮荒之地海南岛。但是在精神上，他始终没有被打败，始终保持一颗鲜活灵动的心。当他被贬到海南岛，仍能够写出“云散月明谁点缀，天容海色本澄清”这样心灵纯净的句子。对于“一蓑烟雨”这样的意象，苏轼是非常喜爱的。他对唐代词人张志和的词《渔父》中“青箬笠，绿蓑衣，斜风细雨不须归”这样的句子极为赞赏，恨其曲调不传，并将其改为《浣溪沙》中句子（“自庇一身轻箬笠，相随到处绿蓑衣”）入歌。

我们再看词的下阕，下阕转到写雨后的情景和感受。“料峭春风吹酒醒，微冷，山头斜照却相迎。”这里描绘了一个有趣而又充满哲理的画面：一边是料峭春风，作者感到丝丝的冷意；一边是山头斜照，作者感到些许的暖意。这既是写景，也是表达人生的哲理。人生不就是这样充满辩证法吗？在寒冷中有温暖，在逆境中有希望，在忧患中有喜悦。当你对人生的这种辩证法有了了悟之后，就不会永远沉陷在悲苦和挫折之中，就会在微冷的醒觉中升起一股暖意、一线希望。“山头斜照却相迎”，是对生活的一种积极观照，是一种通观，是苏轼经历磨难和打击之后，在灵魂上的升华。苏轼在他的另两句诗中，也表达这种思想：“参横斗转欲三更，苦雨终风也解晴。”意谓凄风苦雨之后也终会放晴的。

其实以上三句表达的还只是一种儒家的境界，这是一种入世的人生态度。在此基础上，苏轼进一步彻悟人生：“回首向来萧瑟处，归去，也无风雨也无晴。”归去之后，看刚才刮风下雨的地方，哪里有什么雨，哪里有什么晴。所谓风雨，所谓晴，不过是人心中的幻象而已。这里苏轼进入到了佛教所说的“无差别境界”。在佛教看来，“万法惟心所现”，世界的一切物象皆是心所幻化而出的。如果心静，世界自然清静。其实世界万物并没有什么区别，只是我们有了分别心才有了世界万象。如果我们内心进入到了无差别的境界，世界万物哪有什么分别呢？因此佛教劝人“无执”，一切都不要执着，不要被外物所束缚。成功也好，失败也好，都不要太在乎，所谓“宠辱不惊”。苏轼在这里表达的正是这样一种哲理，归去之后（可理解心灵的皈依），心灵进入了宁静的境界，再看生活中的风雨或阳光，哪有什么区别呢？都微不足道。他在此劝人既不要因风雨而担惊受怕，也不要因阳光而欣喜若狂，一切都泰然处之。这看来似乎有些唯心的色彩了，其实这是一种人生的大境界，是一种了悟宇宙、人生之后的大超越。这也反映出了苏轼的人格境界，应该说苏轼的一生基本上达到了这一境界。晚年他流放到海南岛后，又把这三句稍一改，写入了另一首诗《独觉》：“潇然独觉午窗明，欲觉犹闻醉鼾声。回首向来萧瑟处，也无风雨也无晴。”可见，苏轼是以此来磨砺自己的人格境界，并贯穿在他一生的生命历程之中。全词以这样充满哲理的句子收尾，韵味无穷，令人深思。

第二章　人我之和

和而不流

【原文】

子路问“强”。子曰：“南方之强与，北方之强与，抑而强与？宽柔以教，不报无道，南方之强也，君子居之；衽金革，死而不厌，北方之强也。而强者居之。故君子和而不流，强哉矫！中立而不倚，强哉矫！国有道，不变塞焉，强哉矫！国无道，至死不变，强哉矫！”（《中庸》）

【译】

子路请教怎样才是强。孔子说：“你问的是南方所谓的强，北方所谓的强，还是你所应做到的强？采取宽大柔和的教化方式，对无理横逆的人不去报复，这是南方所谓的强；君子认同这种做法。以兵刃甲胄为卧席，即使战死也不遗憾，这是北方所谓的强；刚强者认同这种做法。所以，君子要做到的是：与人和谐但不会随人同流，这样的强真是卓越！立于正道而毫不偏倚，这样的强真是卓越！国家上轨道时，不改变昔日未通达时的操守，这样的强真是卓越！国家不上轨道时，到死也不改变自己的原则，这样的强真是卓越！”

【评】

强是一个很大的概念，我们可以理解强壮、强健、强悍、强大等，虽各有侧重，但总体的、模糊的理解上应该都属于同一范畴。我认为强是生命力得以存在、延续、发展的能量，可以指个体的生命力，也可以指组织的生命，可以指物质层面的生命力，也可以指精神层面的生命力。比如，生铁和钢做对比，生铁的硬度、刚性强于钢，但是钢的韧性、延展性好于生铁，因此生铁比钢更容易折、更容易遭到破坏，因此生铁在物质上的生命力就不如钢，所以我们才会认为钢强于生铁，于是才有百炼成钢这一说法。

一方水土养一方人，地理的环境对当地人民的性格、价值取向都会有很深刻的影响。故而南方的强和北方的强由于地理环境不同，生存空间和生存压力不同，对强的理解也自然不同。南方之强有两个内容：一是宽柔以教。这四个字内涵很丰富。宽是宽容、宽怀，用现在的话讲就是要大度；柔是柔和、柔顺，用现在的话讲就是要与人为善、和气生财。用宽柔来对待别人，用宽柔来教化身边的人，这就是宽柔以教。二是不报无道。对于无道的人或事，不采取报复行为。不报无道是对宽柔以教的深入实践。每个人都会或多或少遇到各种无道，比如，做事没有规矩、随意侵害他人利益等，碰到这种人或事，如果采用报复的行为，那么你自己也成为无道之人了，同时失去了使无道归于有道的机会。恶是不会因为受到报复而消失的，反而可能使报复升级，永无止境，无道会变得越来越强大，正所谓冤冤相报何时了。因此，不报无道是一种气度，更是一种智慧，是一种含而化之的智慧。中国传统文化特别讲究一个“化”字。问题也好，困难也好，病灶也好，都要用化的方法，先控制、再减缓、再缩小、最后同化，同化了，不是消灭，胜似消灭，化敌为友，为我所用，对立的双方最后不再对立了，融为一体了，而且开开心心。所以，从这个角度看，同化强于消灭。同化是南方之强，消灭是北方之强。孔子认为，南方之强就是君子拥有的众多品格中的一项，因此也是他极力推崇的。

接着讲北方之强。以兵器（金）、甲胄（革）为卧席（衽），枕戈待旦，随时准备迎击敌人，就是死了也不放弃，那是北方之强，是争强好胜的人拥有的品质。现在有很多人的生活就是这样的，时时刻刻在提防，随时准备出击，结果活得很累。所以与南方之强相比，北方之强就显得刚而不强。

在比对了南方之强和北方之强后，孔子对强做了最后的总结陈词。他认为君子应该做到以下四个方面，才能真正称得上强：

一是和而不流。和是指虽然有所不同却能够很好地融合、没有发生对立的状态。在自己站在正确立场上的前提下，和有三种状态：一是对立面被同化，二是自己被对立面同化，三是都没有同化，求同存异，相互尊重。第二种状况就是流，即同流合污。但是如果自己是错误的，改正了，就不是流，而是从。和而不流是和的最高境界，这既是一种鲜明的人生态度，更是难得的处世智慧。因此，只有心神强健手段高明的人才能做到，这样的人自然是强者。

二是中立而不倚。这里的重点是不倚，即不去主动倚仗某种势力、找靠山，保持自己独立的格局。在一个组织中或多或少会存在几种势力，这些势力有时候相合有时候相对。个人往往会选择某种得势的势力集团，但是得势往往是一时，风水也会轮流转，到时候你还依附吗？如果继续依附，那就覆巢之下无完卵，如果不再依附而改投其他门下，那就成了墙头草，更为人所不齿。如何能够做到不倚，关键是中立。这里的中立不仅仅是在各种势力之间保持中立的意思，更有保持中的立场、中的价值观。在中庸开篇就讲过，喜怒哀乐之未发谓之中，中是自然规律的原点。中立其实就是要保持自己的符合自然规律的正确立场。不倚并非就是不同意、不认可某种势力的观点做法，只要符合中的观点做法就应该认同。不倚只是不会为眼前的利益所驱使放弃“中立”而趋炎附势。如果说和而不流是针对个体与个体之间的中立而不倚，那么中立而不倚是针对个体与团体之间的和而不流。

而第三和第四则是针对个体与国家天下之间的关系了，国有有道和无道两种情况下，强者的个体应该如何处世。国有道当然是指国家政治清明，在正常的发展轨道上前行的时候，这时候的强者就应该是顺势而为，不要为了体现自己的强大而改变自己的想法、去做阻挡社会进步发展的事情，相反应该促进国家进步，这一点应该是毫无疑问的。但是当国家政治处于黑暗的时期呢（即国无道），这“至死不变”四个字可谓是铮铮铁骨。在不改变自己的志向的基础上，有能力的去改变大局，无能力的洁身自好，在不改变自己的志向的问题上是至死都不能动摇的。古有文天祥，今有谭嗣同等，历史上这种至死不变的强者可谓灿若星河，他们的气节至今还被人传颂。

三个层次、四种状况，把强者的概念讲得非常通透了。我们回顾一下，为什么要在这里开讲强呢？这是因为中庸常常被误读为弱，被认为是弱者的处世之道，是软弱的表现。而事实上，守中虽然符合天道，但在纷繁复杂、利益交错的现实世界中，要守中庸之道，不仅仅要求个体要拥有心灵强大的态度，还要拥有心智强大的手段，更要拥有坚韧不拔的意志力。如此，才能在不同的环境中坚守中庸之道，在各方利益集团的角逐中立于不败之地。这样的人才是真正的强者，而这样的行为才是中庸之道。

可见，中庸不是逃避矛盾，不是拒绝态度，不是不偏不倚，不是好好先生。中庸核心是“允执厥中”，“中”是根本道理，“和”是处事原则。“和而不流”才是真正的强者。

【延伸阅读】

和而不同

【原文】

子曰："君子和而不同，小人同而不和。"（《论语·卷七·子路第十三》）

【译】

孔子说："君子讲求和谐而不同流合污，小人只求完全一致，而不讲求协调。"

【评】

“和”是一种有差别的、多样性统一，因而有别于“同”。比如烹调，必须使酸、甜、苦、辣、咸调和在一起，达到一种五味俱全、味在咸酸之外的境界，才能算是上等佳肴；比如音乐，必须将宫、商、角、徵、羽配合在一起，达到一种五音共鸣、声在宫商之外的境界，才能算是上等美乐。反之，如果好咸者一味放盐，好酸者拼命倒醋，爱宫者排斥商、角，喜商者不用羽、徵，其后果便不难设想，也不堪设想了。因此，早于孔子的晏婴就曾说过："若以水济水，谁能食之？若琴瑟专一，谁能听之？"（《左传·昭公二十年》）正是在这种思想的基础上，孔子将“和”与“同”的差别引入到人际关系的思考之中，于是便有了《论语·子路》中的那句话。

君子可以与他周围的人保持和谐融洽的关系，但他对待任何事情都必须经过自己大脑的独立思考，从来不愿人云亦云，盲目附和；但小人则没有自己独立的见解，只求与别人完全一致，而不讲求原则，但他却与别人不能保持融洽友好的关系。这是在处事为人方面。

和而不同有一个原则，就是你要尊重别人，善待别人。就是“己所不欲，勿施于人”，我如果尊重别人，对别人的差异就会客观地理解。

群而不党

【原文】

子曰："君子矜而不争，群而不党。"(《论语·卷八·卫灵公第十五》)

【译】

孔子说："君子自重而不与人争斗，合群而不拉帮结派。"

【评】

矜，矛柄也，从矛今声（见《说文解字》)。清段玉裁将“从矛今声”，改为“从矛令声”，所以引申出“怜”的假借含义。如，“老而无妻谓之‘矜’”(《礼记·王制》),《释文》曰：“‘矜’本又作‘鳏’。”“矜”与“鳏”有相通之义，《礼记·礼运》:“矜寡孤独废疾者皆有所养”。因为‘矜’与‘鳏’有相通之义，“鳏”与“群”又相对，所以，有人就把这句解释为“独居而不攀附，群居而不结党”（张诒三《“道之”“齐之”与“矜而不争”新解》《中国文化研究》2005年秋一卷）

朱熹《四书章句集注》云：“庄以持己曰矜。然无乖戾之心，故不争。和以处众曰群。然无阿比之意，故不党。”群居似党而戒党，矜庄易于乖戾而似争，君子戒之，关键看你的用心是公还是私。

乐其可知也

【原文】

子语鲁大师乐。曰："乐其可知也：始作，翕如也；从之，纯如也，皦如也，绎如也，以成。"(《论语·卷二·八佾第三》)

【译】

孔子与鲁国乐官太师谈到音乐演奏的一般过程，说："音乐演奏的全过程是可知的：开始演奏，各种乐器合奏，声音繁美；继而声音和谐悦耳，接着音色洪亮清晰，再接着乐声阵阵，经久不息，最后一场演奏就这样完成了。"

【评】

朱子《四书章句集注》："翕，合也；从，放也；纯，和也；皦，明也；绎，相续不绝也；成，乐之一终也。"又引谢氏曰："五音六律不具，不足以为乐。翕如，言其合也。五音合矣，清浊高下，如五味之相济而后和，故曰纯如。合而和矣，欲其无相夺伦，故曰皦如，然岂宫自宫而商自商乎？不相反而相连，如贯珠可也，故曰绎如也，以成。"

孔子对音乐很有造诣，他把音乐关系比作人与人之间的相处。

礼之用，和为贵

【原文】

有子曰："礼之用，和为贵。先王之道斯为美，小大由之。有所不行，知和而和，不以礼节之，亦不可行也。"（《论语·卷一·学而第一》）

【译】

有子说："礼在应用的时候，贵在任何事情都做到恰到好处，古代圣明帝王的治国在这一点上做得好，无论大事小事，他们都能依循礼来衡量，以做得恰当为目的，但是也有行不通的时候，那就是为了求恰当而一味地求恰当，不用一定的礼法加以节制，也就行不通了。"

【评】

"和"本为恰到好处，适中之意。2008年奥运会开幕式的时候，特别提到了"礼之用，和为贵"，引申为中国是礼仪之邦，强调社会和谐。

古代周公制礼作乐，本来是两回事，"礼"代表区分，"乐"代表协调，有互相搭配的作用。"礼之用，和为贵"表明有秩序，才能够和谐。但是，如果只是为了和谐而求和谐，那也不行，大家在一起不争不吵，和稀泥，不讲原则，没有是非，那还有谁愿意行善避恶呢？

恶乡原，恐其乱德也

【原文】

万章问曰："孔子在陈曰：'盍归乎来！吾党之士狂简，进取，不忘其初。'孔子在陈，何思鲁之狂士？"

孟子曰："孔子'不得中道而与之，必也狂狷【獧的简化字】乎！狂者进取，狷者有所不为也'。孔子岂不欲中道哉？不可必得，故思其次也。"

"敢问何如斯可谓狂矣？"

曰："如琴张、曾皙、牧皮者，孔子之所谓狂矣。"

"何以谓之狂也？"

曰："其志嘐嘐然，曰'古之人，古之人！'夷考其行而不掩焉者也。狂者又不可得，欲得不屑不洁之士而与之，是狷也，是又其次也。孔子曰：'过我门而不入我室，我不憾焉者，其惟乡原乎！乡原，德之贼也。'"

曰："何如斯可谓之乡原矣？"

"曰：'何以是嘐嘐也？言不顾行，行不顾言，则曰：古之人，古之人。行何为踽踽凉凉？生斯世也，为斯世也，善斯可矣。'阉然媚于世也者，是乡原也。"

万子曰："一乡皆称原人焉，无所往而不为原人，孔子以为德之贼，何哉？"

曰："非之无举也，刺之无刺也；同乎流俗，合乎污世；居之似忠信，行之似廉洁；众皆悦之，自以为是，而不可与入尧舜之道，故曰'德之贼'也。孔子曰：'恶似而非者：恶莠，恐其乱苗也；恶佞，恐其乱义也；恶利口，恐其乱信也；恶郑声，恐其乱乐也；恶紫，恐其乱朱也；恶乡原，恐其乱德也。'君子反经而已矣。经正，则庶民兴，庶民兴，斯无邪慝矣。"（《孟子·卷十四·尽心下（三十七）》）

【译】

万章请教说："孔子在陈国说：'为什么不回鲁国去呢！我家乡的弟子们有狂放的也有狷介的，但都奋发进取而不忘原有的志向。'孔子在陈国时，为什么思念鲁国的狂放之士呢？"

孟子说："孔子说过：'找不到行为适中的人来交往，就一定要找到狂者与狷者了！狂者奋发上进，狷者有所不为。'孔子难道不想结交行为适中的人吗？既然不是一定找得到，就找次一等的。"

万章说："请问怎样的人可以称为狂者？"

孟子说："像琴张、曾皙、牧皮，就是孔子所说的狂者。"

万章说："为什么说他们狂放呢？"

孟子说："他们志向高远，开口就说'古人啊、古人啊。'考察他们的行为，却与他们的言论未必吻合。如果连这种狂放之士也结交不到，就想找到不屑于做坏事的人来交往，这就是狷介之士，是再次一等的。孔子说：'走过我的门口而不进我屋子，我不感到遗憾的，大概只有乡愿吧！乡愿是伤害道德的人。'"

万章说："怎样的人可以称为乡愿呢？"

孟子说："他们批评狂者说：'为什么志向要那么高远？言论照应不到行为，行为也照应不到言论，'开口就说：'古人啊、古人啊。'他们又批评狷者说：'做人为什么那么孤孤单单的？活在这个社会上，为这个社会做点事，只要过得去就可以了。'像这样遮遮掩掩想讨好世人的就是乡愿。"

万章说："全乡的人都说他是忠厚的人，所到之处也表现出是个忠厚的人，孔子却认为他是伤害道德的人，为什么呢？"

孟子说："这种人，要指摘他，举不出具体的事，要责骂他，也没什么可责骂的；他顺从流行的风潮，迎合污浊的社会，为人好像忠诚老实，做事好像方正干净，大家都喜欢他，他也认为自己很好，但是却不可能同他一起实践尧舜的正道，所以说他是'伤害道德的人'。

孔子说过，'要厌恶似是而非的东西：厌恶莠草，是担心它混淆了禾苗；厌恶卖弄聪明，是担心它混淆了义行；厌恶犀利口才，是担心它混淆了真实；厌恶郑国的乐曲，是担心它混淆了雅乐；厌恶紫色，是担心它混淆了正红色；厌恶乡愿，是担心它混淆了道德。'道德高尚的人就这样拨乱反正。道德规范施行正确了，百姓就兴，百姓兴了，邪恶的东西就无处藏身。”

【评】

乡愿，朱子注曰："乡人，非有识者。原，与愿同。荀子'原悫'，字皆读作愿，谓谨愿之人也。故乡里所谓愿人，谓之乡原。孔子以其似德而非德，故以为德之贼。"乡愿，就是一般所谓的好好先生，貌似忠厚而没有原则。

狂，有志者也；狷（繁体字为"獧"），有守者也。有志者能进于道，有守者不失其身。（朱熹《四书章句集注》）

"中行"是理想人格，当狂则狂，当狷则狷，否则也可能与乡愿混淆。

和无寡

【原文】

丘也闻有国有家者，不患寡而患不均，不患贫而患不安。盖均无贫，和无寡，安无倾。夫如是，故远人不服，则修文德以来之；既来之，则安之。（《论语·卷八·季氏第十六》）

【译】

我听说，对于诸侯和大夫，不担心分得少，而是担心分配得不均，不担心人民生活贫穷，而担心生活不安定。财富均了，也就没有所谓贫穷；大家和睦，就不会感到人少；安定了，国家也就没有倾覆的危险了。因为这样，所以如果远方的人还不归服，就通过提高文化水平和加强品德修养来顺服他们；已经来了，就让他们安心住下去。

【评】

这段话内容非常精彩。孔子深刻指出，社会贫穷是一回事，但贫富不均才是问题。一个社会要想办法缩小贫富差距，否则，贫富不均会导致严重的社会动乱。

"修文德以来之"，提高文化水平和个人品德修养，让远方的人来顺服，这是上策，随便发动战争，则是下策。

与民同乐

【原文】

孟子为齐宣王“言乐”：“今王鼓乐于此，百姓闻王钟鼓之声，管籥【钥，繁体字为籥】之音，举疾首蹙额而相告曰：‘吾王之好鼓乐，夫何使我至于此极也？父子不相见，兄弟妻子离散。’今王田猎于此，百姓闻王车马之音，见羽旄之美，举疾首蹙额而相告曰：‘吾王之好田猎，夫何使我至于此极也？父子不相见，兄弟妻子离散。’此无他，不与民同乐也。

今王鼓乐于此，百姓闻王钟鼓之声，管籥之音，举欣欣然有喜色而相告曰：‘吾王庶几无疾病与？何以能鼓乐也？’今王田猎于此，百姓闻王车马之音，见羽旄之美，举欣欣然有喜色而相告曰：‘吾王庶几无疾病与，何以能田猎也？’此无他，与民同乐也。今王与百姓同乐，则王矣。(《孟子·卷二梁惠王下（一）》)

【译】

孟子为齐宣王解释与民同乐，说了以下两段话。

假设大王在这儿奏乐，百姓听到钟鼓的声音，箫笛的演奏，大家都头痛皱眉头互相议论说：“我们大王爱好音乐，为什么让我们陷入这样的绝境？父子不能相见，兄弟妻儿离散。”假设大王在这打猎，百姓听到大王车马的声音，看见旗帜的华美，大家都头痛皱眉互相议论说：“我们大王爱好打猎，为什么让我们陷入这样的绝境？父子不能见面，兄弟妻儿离散。”这没有别的原因，只是不同百姓一起快乐的缘故。

假设大王在这儿奏乐，百姓听到钟鼓的声音，箫笛的演奏，大家都眉开眼笑互相议论说：“我们大王大概没什么病吧，不然怎么能奏乐呢？”假设大王在这打猎，百姓听到大王车马的声音，看见旗帜的华美，大家都眉开眼笑互相议论说：“我们大王大概没什么病吧，不然怎么打猎呢？”这没有别的原因，只是同百姓一起快乐的缘故。如果大王能同百姓一起快乐，就可以称王天下了。

【评】

君主的鼓乐与田猎都是正当娱乐，但是前提是要让百姓丰衣足食，也能平安快乐。

【诗歌欣赏】

满江红·拂拭残碑

文徵明

拂拭残碑，敕飞字，依稀堪读。慨当初，倚飞何重，后来何酷。岂是功高身合死，可怜事去言难赎。最无端，堪恨更堪悲，风波狱。

岂不念，疆圻蹙。岂不念，徽钦辱。念徽钦既返，此身何属。千载休谈南渡错，当时自怕中原复。笑区区，一桧亦何能，逢其欲。

【简评】

咏史词贵在一针见血地戳破本质。关于岳飞被害事，人们一般认为罪在秦桧。这首词却独说："笑区区，一桧亦何能，逢其欲。"将矛头直指皇帝，颇有见地。

"拂拭残碑"三句说石碑上宋高宗赵构手书的"精忠岳飞"四字仍隐约可见。

"慨当初"三句说宋高宗称帝后，北有金兵压境，南有群盗骚扰，岳飞抱着尽忠报国的决心，破李成、平刘豫、斩刘么，扫平了闽粤赣等地的内患，深为高宗和朝廷倚重，所以高宗手书"精忠报国"四字以褒奖。

"岂是功高"二句意说难道功高就震主就该死了吗？只是事过境迁，即使说尽好话也枉然了。

"最无端"三句说岳飞入狱后，大理寺官员都说岳飞无罪，韩世忠质问秦桧，秦桧回答说岳飞之罪"其事体莫须有"。当时上书为岳飞辩白的人很多，高宗、秦桧等却一意孤行。

"岂不念"三句直指宋高宗而言。难道是忘记了金人的南侵，徽宗、钦宗所受的屈辱？非也。只是因为想到徽宗、钦宗若回来，“此身何属”高宗又将归属哪里呢？他就做不成皇帝了！

“千载休谈”二句进一步申述高宗必杀岳飞的原因。当时的南渡也是因为怕中原恢复之后，不能再当皇帝啊！

“笑区区”三句说秦桧会有何能耐，他之所以翻云覆雨，杀害岳飞，力主屈辱苟安，只不过是刚好迎合了赵构的心意罢了。

第三章　人与自然之和

致中和，天地位焉，万物育焉

【原文】

喜怒哀乐之未发，谓之中；发而皆中节，谓之和。中也者，天下之大本也；和也者，天下之达道也。致中和，天地位焉，万物育焉。(《中庸》)

【译】

喜怒哀乐的情感尚未表露出来的时候，称为“中”；表露出来以后不偏不倚，而且有节制，称为“和”。中的状态是天下众人的共同基础；和的状态是天下众人遵循正路。天下众人完全做到中与和，天地就各安其位，万物就生长发育了。

【评】

必须注意，不少人未认真读书，将“中庸”解释为不温不火的平庸之道和没棱没角的“滑头哲学”，这是完全不对的。因为“中”的本义是“不偏不倚”，即没有发生偏差；“庸”指常道，即道理、原理。在这里，“中”主要指人未与外界接触，情绪还没有表露出来、因而人性没有偏离正道的状态。根据古人的注解，“中”代表静——在虚静之中，人心无私无欲，人性真实本源，人能充分体验自己的真实本性。“和”代表动——人行动起来后，做到和谐、有条不紊，其中包括个人身心的和谐以及个人与外界的和谐。

宋明理学家认为“中”代表生命的本然真实，即生命本体，他们经常通过静坐来“观未发之中”。“观未发之中”，就是找回生命的本体。但是人不可能永远静而不动，如果动时情绪不受控制，就会破坏自己的心境，打破身心的平衡与和谐，即“不和”，因此需要“发而皆中节”。“发而皆中节”，才能保证内心的平静，才能“守中”；有意识地保持内心的平静（即“守中”），才能调控自己的情绪，使之“趋和”。

可见，“守中”与“趋和”是相辅相成的。“守中”“趋和”，即《中庸》所谓的“致中和”。一方面，“中”是指内而言，“和”是指外而言；另一方面，“中”代表静，“和”代表动。动静相依，内外相成，共同构成了我们生命的实际状态。把握好“中”“和”，不仅会让我们保持健康的心态，健全的人格，而且也符合天地运行的法则、万物生长的原理，即“天地位焉，万物育焉”。

【延伸阅读】

万物并育而不相害

【原文】

万物并育而不相害，道并行而不相悖。小德川流，大德敦化。此天地之所以为大也。(《中庸》)

【译】

万物一起得到养育而不相妨害，道路各自分别通行而不相冲突。小的德行像河川奔流不息一样地滋润万物，大的德行就转化万物形成一体。这正是天地为何这么伟大的缘故。

【评】

“万物并育而不相害”，万物（植物、动物）各有其道，彼此不相冲突，保持生态均衡。其实是说人在对人做事的时候，要符合对人做事的道理。人的生死、婚姻、吃住行，都要在常理中进行，因为人与人之间的事虽然小却特别多。违背了常理，会产生相害，人与人之间会产生不和谐的事情，生活中会发生不愉快的事情，会产生矛盾。而做事要在符合规律中进行，要符合事物发展的规律，就像日月运行四时更替彼此不相违背，否则会受到客观规律的惩罚。

【古文欣赏】

桃花源记

陶渊明

晋太元中，武陵人，捕鱼为业。缘溪行，忘路之远近。忽逢桃花林，夹岸数百步，中无杂树，芳草鲜美，落英缤纷。渔人甚异之，复前行，欲穷其林。

林尽水源，便得一山。山有小口，彷佛若有光。便舍船，从口入。初极狭，才通人。复行数十步，豁然开朗。土地平旷，屋舍俨然，有良田、美池、桑、竹之属。阡陌交通，鸡犬相闻。其中往来种作，男女衣著，悉如外人。黄发垂髫，并怡然自乐。

见渔人，乃大惊，问所从来，具答之。便要还家，设酒杀鸡作食。村中闻有此人，咸来问讯。自云先世避秦时乱，率妻子邑人来此绝境，不复出焉，遂与外人间隔。问今是何世，乃不知有汉，无论魏晋。此人一一为具言所闻，皆叹惋。余人各复延至其家，皆出酒食。停数日，辞去。此中人语云："不足为外人道也。"

既出，得其船，便扶向路，处处志之。及郡下，诣太守，说如此。太守即遣人随其往，寻向所志，遂迷，不复得路。

南阳刘子骥，高尚士也，闻之，欣然规往。未果，寻病终。后遂无问津者。

【译】

晋朝太元年间，有位武陵人以捕鱼为生。（有一天）他沿着一条溪流划船前行，忘了路程的远近，忽然遇到一片桃花林。两岸几百步内，里面没有别的杂树。地上芳草鲜嫩茂美，满地落花。渔人见到这片景色很是惊异。于是又向前划去，想走到这林子的尽头。

桃花林在溪水的发源处没有了，只见那里有一座山，山边有个小洞，似乎有光线(透出来)。(渔人)就离了船，从洞口进去。初进时，洞口很窄，只能勉强通过一个人，再走几十步，就突然开阔敞亮了。这里土地平坦宽广，房屋整齐，有肥沃的土地，美好的池塘和桑树竹林之类。田间小路交错畅通，鸡鸣狗叫声彼此都能听到。这里人们来来往往耕田劳作，男男女女的穿戴完全像桃花源以外的人。(无论)老人小孩，都充满喜悦之情，显得心满意足。

(他们)看到渔人，竟大为吃惊，问从哪里来。(渔人)详细地回答了。就(有人)邀请(渔人)到他家里去，摆酒杀鸡做饭菜款待。村中的人听说来了这么一个人，都来(向他)打听消息。(他们)自称祖先躲避秦时的战乱，带领妻子儿女和乡邻来到这个与世隔绝的地方，不再从这里出去，于是就和外面的人断绝了往来。(他们)问起现在是什么朝代，竟然不知道有汉朝，更不必说魏晋了。这位渔人一件件地给他们详细讲述自己所知道的事情，(大家)都感叹惋惜。其他人各自再请(渔人)到他们家去，都拿酒饭款待。(渔人)在这里住了几天，就告辞离开。这里的人告诉(他)说："(这里的事)不必对外面的人说起。"

(渔人)出来以后，找到他的船，就沿着来路划出去，一路上处处做上标记。到了郡城，去拜见太守，报告了这些情况。太守立即派人跟他前往，寻找原先所做的标记，竟迷失了方向，没有再找到那条路。

南阳人刘子骥，是个德行高尚的人，听到这件事，高兴地打算前往，计划还未实现，不久因病去世。后来就再没有去探访的人了。

【评】

《桃花源记》写于晋、宋交替之际，当时政治黑暗，兵连祸结，民不聊生。作者虚构了一个渔人偶入桃花源的故事，借以描绘了一个没有剥削、没有压迫、人人劳动、自由安乐的世外桃源的生活图景，寄托了作者的社会理想。它像一座灯塔，激励人们对美好社会的向往和追求。

《桃花源记》总的构思带有浪漫主义色彩，是陶渊明写给成年人的童话。

桃花源的故事是虚构的，桃源境界也是想象的，但它的细节描绘又是现实的，不论是山外夹岸数百步的桃花林，"才通人"的入山小口，还是桃花源里的良田美池桑竹之属，现实生活中都不难找到，这就给人以亲切逼真之感，相信这是人间乐土，而不是神仙境界，宁愿信其有，不肯信其无。特别是借助于当时的真实人物——南阳刘子骥的规往，更增添其真实感，使读者也为之神往。归根结底，世外桃源的生活理想是植根现实的沃土之中的。

但渔人重寻又迷了路，“后遂无问津者”，又带有神秘色彩。又实又虚，似真似幻，表明桃源虽好，但只是幻想而已。悲剧在于，人们再也不相信桃花源了。

后　记

城市管理工作者，无论是政府部门的公务员，还是一线的普通员工，都承担着城市公共设施的运行管理和维护，直接或间接地服务于城市居民的工作和生活。而每个人的文化修养、职业素养和工作质量的高低，可以说关系着居民的生活质量和城市的环境质量。

特别是对于古都北京的城市管理者来说，管理好这座有着三千年历史的文化名城，除了需要有管理技能、专业技能和深厚的文化底蕴，还更需要有一份使命感和责任感。

习近平总书记在北京市考察工作时指出："历史文化是城市的灵魂，要像爱惜自己的生命一样保护好城市历史文化遗产。北京是世界著名古都，丰富的历史文化遗产是一张金名片，传承保护好这份宝贵的历史文化遗产是首都的职责，要本着对历史负责、对人民负责的精神，传承历史文脉，处理好城市改造开发和历史文化遗产保护利用的关系，切实做到在保护中发展、在发展中保护。"作为城市管理领域的干部职工，要做好古都北京的城市管理工作，就必须加大对中华优秀传统文化的学习，夯实人文基础，学以致用，用高质量的管理和服务为北京城市环境的维护和居民生活的宜居便利提供帮助。

出于使命感，近年来，北京市市政管理委员会培训中心（以下简称"中心"）在弘扬优秀传统文化、促进城市管理，以优秀传统文化引领城市管理干部素质的提升方面做了一些思考和实践，把城市管理工作的内在需要与中华优秀传统文化相结合，与落实社会主义核心价值观相结合，借助专家学者和中心教师的智慧，在培训课程、教材研发方面不断探索，积累了一些经验。

《城市管理工作者国学素养读本》项目于 2012 年立项，中心成立了课题开发项目组，请北京石油化工学院的艾丽辉教授主笔。在编写过程中，中心领导与有关专家、学者反复研究、不断修改，历时近两年，最终成稿。教材的编写体现了严谨求实的精神，其中的主体内容在培训班上进行了多次讲授，受到学员的欢迎，同时，也为教材的不断完善起到了重要作用。

教材针对城市管理工作者的人文素养提升，从价值观、人生方向、职业目标、人文关怀以及身心和谐方面进行了全面把握。以“正”“诚”“仁”“和”四篇为主题构架，由“正”入手，解决价值观方面远与近、内与外的统一，引导正确的价值判断，着眼于正确的方向，用正确的心念，秉持“诚”的信念，以“仁”的理念和方法，追求“和”的目标和境界。其中，每一篇都分为若干章节，细致、有针对性地对每个主题进行阐述分析；每章中设置了“延伸阅读”“文化传承”“古文阅读”“诗歌欣赏”“故事链接”“古史今鉴”等环节，通俗易懂地诠释了国学经典；穿插了大量典型的实际案例，更加形象生动地表现了各篇的主题思想。

本书的最终完成，得益于艾丽辉教授深厚的古典文化功底和谦和诚恳的人格品质及严谨细致的工作精神，得益于编写过程中各方领导和同仁的大力支持和指导，得益于中国劳动社会保障出版社余炳荣资深编审对全书国学经典文选及译作做了认真细致的校勘和大量的订正，得益于与此相关的专家学者的关注与投入、项目组成员的全力配合，在此表示诚挚的谢意！此外，特别感谢精于书画篆刻的刘如鹏老师为本书制作了精美的印章。

希冀本书能够帮助城市管理工作者很好地切入中华传统文化的学习，以优秀的国学思想作为丰富人生、开启智慧的金钥匙，做到知行合一并转化到实际生活工作之中，使优秀传统文化化为推动古都北京城市管理工作的不懈力量，让北京在我们的智慧和汗水中变得更加美丽、宜居。

课题开发组

2014.5.27